Silke Hubrig
Sensibler Umgang mit Übergewicht in der Kita-Praxis

Silke Hubrig

Sensibler Umgang mit Übergewicht in der Kita-Praxis

Die Autorin

Silke Hubrig ist Erzieherin und Lehrerin für Sozialpädagogik/Sport. Sie unterrichtet an einer Berufsschule in Bremen und ist Autorin zahlreicher Fachbücher und -aufsätze.

Dieses Buch ist erhältlich als:
ISBN 978-3-7799-8237-1 Print
ISBN 978-3-7799-8238-8 E-Book (PDF)
ISBN 978-3-7799-8240-1 E-Book (ePub)

2. Auflage 2024

Herstellung: Hanna Sachs
Satz: Helmut Rohde, Euskirchen
Druck und Bindung: Beltz Grafische Betriebe, Bad Langensalza
Beltz Grafische Betriebe ist ein klimaneutrales Unternehmen (ID 15985-2104-100)
Printed in Germany

Weitere Informationen zu unseren Autor:innen und Titeln finden Sie unter: www.beltz.de

Inhalt

1. Einleitung

Deutschland ist das Land in Europa, in dem die meisten übergewichtigen Kinder leben. Nahezu jedes sechste Kind wiegt zu viel (vgl. Deutsches Kinderhilfswerk). Seit den 1980er-Jahren hat sich Übergewicht bei Kindern mehr als verdoppelt. Zwischen 2019 und 2020 ist die Zahl der behandlungsbedürftigen übergewichtigen Mädchen und Jungen um 60 % angestiegen. Nach dem coronabedingten Lockdown sind die Zahlen noch einmal sehr gestiegen (vgl. BzgA [2022]), insgesamt hat sich die häusliche Isolation während der Pandemie negativ auf das Ernährungsverhalten der Kinder und deren Medienverhalten ausgewirkt.

Dabei kann Übergewicht schon im Kitaalter zu gesundheitlichen Beeinträchtigungen führen und sich bis ins Erwachsenenalter negativ auf die Gesundheit auswirken. Allerdings besuchen fast alle Kinder in Deutschland in den ersten Lebensjahren eine Kita und können dort durch präventive Maßnahmen erreicht werden. Die genetische Veranlagung, die mitbestimmt, ob ein Kind zu Übergewicht neigt oder nicht, ist jedoch nicht zu beeinflussen. Ob diese Veranlagung aber wirksam wird, hängt insbesondere auch von der Art und Weise der Ernährung, sowie dem Maß an täglicher Bewegung ab. Präventionsmaßnahmen, die Übergewicht vorbeugen, sollten sinnvollerweise in der Kita beginnen, denn in diesem Alter sind bestimmte Routinen noch veränderbar. Selbiges gilt als Interventionsmaßnahme für Kinder, die bereits übergewichtig sind. Ernährung und Bewegung sind also zwei zentrale Bereiche, welche in der Kita thematisiert werden sollten. Ein weiteres Thema ist Entspannung, denn dieses ist das Pendant zur Bewegung. Für Kinder – unabhängig vom Gewicht – sind positive Körpererfahrungen und ein gutes Körpergefühl die Grundlage, um sich im eigenen Körper wohlzufühlen, ihn wertzuschätzen und gut mit ihm umzugehen. Übergewichtige Kinder haben es in unserer Gesellschaft oft schwerer, ein solches Körpergefühl zu erlangen, weil sie mit Hänseleien und gesellschaftlichen Diskriminierungen konfrontiert werden. Auch dieser Aspekt sollte in der Kita im Sinne der aktuellen Body Poitivity-Bewegung aufgegriffen werden: Gesellschaftliche Schönheitsideale sind unrealistisch, und jeder Körper ist gut so, wie er ist. Dieser Aspekt ist in den Kindermedien noch nicht angekommen. Insgesamt repräsentieren sie zwar mehr Vielfalt als noch vor einigen Jahren, aber übergewichtige Kinder suchen vergeblich nach positiven Identifikationsfiguren in Kinderfilmen und Bilderbüchern. Dieses Buch soll umfassende Ideen und Impulse für den Umgang mit übergewichtige Kindern in der Kita geben, die jedoch bei der Umsetzung stets für Kinder aller Gewichtsklassen geeignet sind.

2. Wissenswertes vorab ...

Ab wann sind Kinder übergewichtig? Wann muss ich mir als pädagogische Fachkraft Sorgen machen und handeln? Woran kann es liegen, dass Kinder zu viel wiegen? In welcher besonderen Situation befinden sich Kinder aufgrund ihrer Körperfülle? Im Folgenden werden die theoretischen Inhalte, die für das Verständnis übergewichtiger Kinder in der Kita relevant sind, kurz dargestellt.

2.1 Begriffsklärung: Wann spricht man von „Übergewicht"?

Nicht jeder übergewichtige Mensch ist von krankhafter Adipositas betroffen. Ein Mensch mit einem Body Mass Index (BMI) von etwa 28 bis 32 hat leichtes Übergewicht. Ein BMI, der höher ist als 33 bedeutet Übergewicht. Errechnen lässt sich der BMI mit folgender Formel (Techniker Krankenkasse 2023), wobei er nur als Richtwert gelten kann, da grundsätzlich auch Alter, Geschlecht und Lebensführung berücksichtigt werden müssen:

BMI: Körpergewicht in kg : (Körpergröße in m)^2

Das Krankheitsbild „Adipositas" wurde von der Weltgesundheitsorganisation (WHO) definiert. Von Adipositas lässt sich generell etwa ab einem BMI von 30 sprechen, wobei zwischen verschiedenen Abstufungen unterschieden wird:

- Adipositas: BMI ≥ 30
- Adipositas Grad I: BMI 30–34,9
- Adipositas Grad II: BMI 35–39,9
- Extreme Adipositas Grad III: BMI ≥ 40

(Techniker Krankenkasse 2023)

Eine *primäre Adipositas* wird durch erhöhte Energiezufuhr hervorgerufen, während eine *sekundäre Adipositas* als Folge einer genetischen oder endokrinen (die Drüsenfunktion des Körpers betreffenden) Störung auftritt. Diese Variante kommt allerdings nicht so häufig vor. Ab einem BMI-Wert über 30 ist das Risiko für Erkrankungen aufgrund des Körpergewichts, bzw. der überdurchschnittlichen Ansammlung von Fettgewebe, deutlich erhöht. Dabei zählt Adipositas zu den häufigsten Krankheiten in den westlichen Industrieländern (vgl. kanyo Gesundheitsnetzwerk 2022).

Bei Kindern ist Übergewicht nicht immer so einfach zu identifizieren wie bei Erwachsenen. Ist das Kind pummelig oder hat es einfach noch etwas Babyspeck? Manchmal sind Erwachsene unsicher, ob ihr subjektiver Eindruck richtig ist oder nicht. Ein objektiver Anhaltspunkt, um das Gewicht eines Kindes einzuschätzen ist – wie bei Erwachsenen – der Body Mass Index (BMI). Bei Kindern muss allerdings berücksichtigt werden, dass sich im Laufe ihrer Entwicklung das Verhältnis der Größe zum Gewicht permanent verändert. Nur im Zusammenhang mit dem Wachstum der Kinder kann mit dem BMI eine tatsächliche Aussage darüber getroffen werden, ob das Kind normalgewichtig, über- oder untergewichtig ist. Darüber hinaus gibt es Unterschiede in den Wachstumskurven männlicher und weiblicher Kinder, die es zu berücksichtigen gilt. Kinder durchlaufen verschiedenste Entwicklungsphasen, in denen Gewichtszunahme oft normal ist, wie etwa in einem bestimmten Abschnitt im Säuglingsalter oder während der Pubertät (vgl. BzgA 2022).

Die *Bundeszentrale für gesundheitliche Aufklärung* hat auf ihrer Website einen BMI-Rechner zur Verfügung gestellt, der all diese Faktoren berücksichtigt. Zu finden ist er unter: http://www.uebergewicht-vorbeugen.de/wenn-es-schwerer-wird/uebergewicht/bmi-rechner-das-gewicht-im-blick/

Wie viele Kinder sind von Übergewicht betroffen?

Etwa 9,5 Prozent der Kinder und Jugendlichen im Alter von drei bis 17 Jahren in Deutschland sind übergewichtig. Bei 5,9 Prozent von ihnen ist das Übergewicht so hoch, dass von Adipositas gesprochen werden kann (Bundesministerium für Gesundheit 2023). Je älter Kinder werden, desto mehr ist Übergewicht und Adipositas verbreitet. Circa drei Prozent der Kindergartenkinder sind adipös; gar neun Prozent der Jugendlichen in Deutschland (BzgA 2022). Die Zahl derjenigen Kinder, die aufgrund von Übergewicht und Adipositas ärztlich versorgt werden mussten, ist in kürzester Zeit erheblich angestiegen – zwischen 2019 und 2020 gar um 60 Prozent. Auch nach den Lockdowns, die während der Corona-Pandemie angeordnet wurden, sind die Zahlen übergewichtiger und adipöser Kinder gestiegen (Bundesministerium für Bildung und Forschung 2023).

2.2 Ursachen von Übergewicht

Ein übergewichtiges Kind nimmt zunächst einmal zu viele Kalorien durch seine Nahrung auf. Diese aufgenommene Energie wird nicht ausreichend verbraucht, wie etwa durch Bewegung, sondern als Fett in den Fettzellen des Kindes gespeichert. Der Anteil an Körperfett steigt damit und das Kind nimmt an Gewicht und Umfang zu. Es ist allerdings anzumerken, dass es auch Kinder gibt, die mehr Energie zu sich nehmen als sie verbrauchen und dennoch kein starkes Übergewicht entwickeln. Ansätze, die dieses Phänomen zu erklären versuchen, zu erläutern, würde den Rahmen an dieser Stelle sprengen (Inselklinik Heringsdorf 2023). Letztendlich spielt auch die genetische Veranlagung eine Rolle bei der Entstehung von Übergewicht. Es wurde bisher zwar kein Gen, das für Übergewicht verantwortlich ist, nachgewiesen, aber möglicherweise gibt es ein Bündel von Erbanlagen, die Übergewicht leichter entstehen lassen. Dieses aber auch nur, wenn bestimmte Lebensumstände, vor allem Bewegungsmangel und zu kalorienhaltige Ernährung dazu kommen. Sind beide Elternteile eines Kindes übergewichtig, so liegt die Wahrscheinlichkeit bei 80 Prozent, dass das Kind auch Übergewicht entwickelt. Wenn ein Elternteil übergewichtig ist, liegt die Wahrscheinlichkeit, dass ihr Kind es auch wird, entsprechend bei 40 Prozent (Petermann/Warschburger 2007, S. 21).

Möglich sind auch bestimmte Krankheiten, wie eine Schilddrüsenerkrankung oder Medikamente, die das Kind an Gewicht zunehmen lassen.

Für grundsätzlich gesunde Kinder gilt: Neben der Veranlagung, gegen die „kein Kraut gewachsen ist", liegt die Ursache für Übergewicht in zu fettreicher, süßer Ernährung in Verbindung mit Mangel an Bewegung. Warum das Kind sich nicht ausgewogen ernährt oder sich zu wenig bewegt, bedarf einer individuellen Betrachtungsweise der kindlichen Lebenssituation. So ist es beispielsweise möglich, dass das Kind im übermäßig süßen Essen Trost für eine schwierige familiäre Situation sucht oder dass der Fernseher als Babysitter eingesetzt wird und das Kind sich deshalb zu wenig bewegt.

Finanzielle Herkunft und Übergewicht

Übergewicht ist durchschnittlich häufiger bei Kindern aus finanziell schwachen Familien zu finden. Die finanzielle Situation einer Familie scheint damit einen Einfluss auf das Körpergewicht bzw. in erster Linie auf das Ernährungs- und Bewegungsverhalten der Kinder zu haben (Inselklinik Heringsdorf). Eine hochwertige, ausgewogene Ernährung ist mit sehr wenig Geld kaum zu bewerkstelligen. Frisches Obst und Gemüse ist teuer. Eltern mit einem niedrigen Bildungsniveau durchschauen die geschickte Werbung der Lebensmittelindustrie nicht immer und fallen auf zucker- und fetthaltige Produkte herein, die als gesund für Kinder vermarktet werden. Da dem Deutschen Kinderhilfswerk zufolge die ausgewogene Ernährung eines Kindes allein pro Tag etwa sechs Euro kostet (vgl. Deutsches Kinderhilfswerk 2023), reicht der monatliche Bürgergeld-Regelsatz von 318 Euro für Kinder bis zu fünf Jahren (Stand: Dezember 2023), der alle Bedarfe umfasst, kaum aus.

Meist wohnen Kinder aus ärmeren Familien in beengten Wohnverhältnissen, von einem eigenen Garten ganz zu schweigen, und haben somit eingeschränkte Spiel- und Bewegungsmöglichkeiten. Oft teilen sich Geschwister ein Zimmer. Attraktive Freizeitgestaltungen, bei denen Kinder körperlich aktiv sind, kosten in der Regel Geld. Vereinsbeiträge und eine besondere Ausstattung für einen bestimmten Sport sind meist nicht allzu günstig.

Die Lockdowns in der Corona-Pandemie haben viele Kinder, die schon vor der Pandemie übergewichtig waren, noch dicker werden lassen. In den langen Zeiträumen, in denen Einrichtungen, wie Kitas, Ganztagsschulen und andere Einrichtungen geschlossen waren, litten die Kinder an Bewegungsmangel und wurden auch nicht optimal ernährt. Kinder aus von Armut betroffenen Familien entwickelten während der Hauptphase der Pandemie doppelt so häufig Übergewicht wie Kinder aus nicht armen Familien (Till 2022).

2.3 Gesellschaftliche Vorurteile gegenüber übergewichtigen Menschen

Übergewichtige Kinder erleben so wie auch übergewichtige Erwachsene Stigmatisierungen (also Zuschreibungen von negativen Eigenschaften lediglich aufgrund des Körpergewichts). Anhand ihres Erscheinungsbildes werden sie gesellschaftlich auf den ersten Blick oftmals als faul, lustig, willensschwach, dumm, träge oder auch als wenig attraktiv eingestuft.

Die bewussten und unbewussten Einstellungen der pädagogischen Fachkraft haben einen direkten Einfluss auf ihre Arbeit, und damit auch auf die Kinder. Eine biografische Selbstreflexion ist Voraussetzung dafür, dass die Fachkraft professionell handeln kann, denn jeder Mensch denkt (zunächst) in Stereotypen. Das liegt daran, dass diese Menschen eine Orientierung geben. Es muss nicht mehr jede Situation im Alltag neu interpretiert werden und nicht immer neue Entscheidungen getroffen werden, denn schneller ist es, auf Stereotype zurückzugreifen. Zum einen bewahrt es Menschen vor Gefahren („Ein

Mann mit einer Waffe in der Hand könnte mir gefährlich werden.“) und es vermittelt Sicherheit („Die Frau im Kittel in der Arztpraxis ist die Ärztin.“). Somit ist ein Schubladendenken erst einmal ganz menschlich und normal. Neben diesen positiven Effekten von Stereotypisierungen gibt aus auch sehr negative: Sie können diskriminierend sein. Die Stereotype werden negativ bewertet (z. B. „Dicke Kinder sind träge.“), und betroffene Kinder werden damit diskriminiert, behindert und in ihrer Entwicklung eingeschränkt. („Ich gehe davon aus, dass die dicke Sabine lieber mit mir ein Bilderbuch angucken will, als in den Bewegungsraum zu gehen.“). Die pädagogische Fachkraft hat die Aufgabe, ihr stereotypisches Denken und damit auch ihre Vorurteile, zu reflektieren. Ohne diese Selbstreflexion würde die Fachkraft ahnungslos mögliche Stigmatisierungen, Vorurteile und Diskriminierungen an die Kinder weitergeben. Auch, wenn viele Erwachsene der Meinung sind, dass Kinder (noch) frei von Vorurteilen seien, ist die Realität eine andere. Die Stereotypisierungen, Stigmatisierungen und Vorurteile, denen Kinder in ihrem Alltag begegnen, gehen nicht spurlos an ihnen vorüber. Sie werden verinnerlicht. Im Alter von etwa drei Jahren können Kinder Unterschiede in äußeren Merkmalen wahrnehmen, sie wissen, wie diese gesellschaftlich zu bewerten sind (entsprechend geprägt von dem Umfeld, in dem sie aufwachsen) und sie entwickeln dementsprechende Vorlieben (Ludwig 2019). Beispielsweise weiß der dreijährige Simon, dass die vierjährige Ricarda übergewichtig ist. Seine Mutter schimpft zu Hause über die „dicke Nachbarin“, weil diese angeblich zu faul ist, um Sport zu machen und deshalb jetzt krank ist. Simon findet Ricarda doof, weil sie übergewichtig ist, und im Morgenkreis will er nicht neben ihr sitzen.

Mit dem Thema „Körperfülle“ hat mit großer Wahrscheinlichkeit jede weibliche Fachkraft in ihrer Biografie zu tun gehabt. Ist mein Bauch zu dick? Und meine Beine? Die meisten Mädchen und Frauen haben Diäten oder Diätversuche hinter sich. Manche beschäftigen sich permanent mit ihrem Gewicht. Sie kontrollieren streng ihre Nahrungsaufnahme oder ärgern sich, wenn sie zu viel gegessen haben, weil es gerade so lecker war. Manche waren oder sind tatsächlich übergewichtig und haben diesbezügliche Diskriminierungen und Hänseleien erlebt. All diese Erfahrungen prägen die Einstellung zum Übergewicht – und diese Einstellung beeinflusst widerum den Umgang mit den (übergewichtigen) Kindern.

2.4 Folgen von Übergewicht für die kindliche Entwicklung

Nicht das Übergewicht an sich ist das Problem, sondern die körperlichen und psycho-sozialen Folgen, die damit verbunden sind.

Körperliche Folgen von Übergewicht

Im Kindesalter werden die körperlichen Folgen oftmals unterschätzt, weil sie in vielen Fällen erst als Folgeerscheinungen in späteren Jahren auftreten. Übergewichtige Kinder sind körperlich weniger belastbar, denn die Muskulatur ermüdet schneller als bei normal gewichtigen Kindern. Das hohe Gewicht belastet das Skelettsystem (Knochen und Gelenke), welches sich noch in der Entwicklung befindet. Die Wirbelsäule und die Gelenke sind überfordert und es kann zu Rückenschmerzen, Hüftschmerzen, Knieschmerzen oder auch Fußbeschwerden führen. (Petermann/Warschburger 2007, S. 15 ff.).

Des Weiteren kann Übergewicht Folgeerkrankungen bei Kindern nach sich ziehen. Manche Kinder entwickeln bereits Krankheiten, die in der Regel erst bei Erwachsenen auftreten. Zu solchen Krankheiten zählt beispielsweise Typ-2-Diabetes (früher auch als Altersdiabetes bekannt). Für diesen Diabetes-Typ sind Übergewicht, Bewegungsmangel – aber auch Veranlagung – ausschlaggebende Risikofaktoren. Die Körperzellen reagieren nicht mehr ausreichend auf das den Blutzucker senkende Hormon Insulin. Auf Dauer schädigt ein hoher Blutzuckerspiegel die Gefäße und begünstigt die Verkalkung von Arterien. Dies wiederum kann im Erwachsenenalter zu Herzinfarkten oder Schlaganfällen führen (Petermann/Warschburger 2007, S. 15 ff.).

Etwa ein Drittel der übergewichtigen Kinder und Jugendliche leiden unter einem erhöhten Blutdruck. Ein hoher Blutdruck begünstigt Herz-Kreislauf-Erkrankungen und kann auf Dauer auch die Nieren und Augen extrem belasten.

Ungefähr ein Viertel der übergewichtigen Kinder und Jugendlichen haben eine Störung des Stoffwechsels. Die Zusammensetzung der Blutfette verändert sich dabei ungünstig, das LDL-Cholesterin steigt (das sogenannte „böse" Cholesterin) während das (sogenannte „gute") HDL-Cholesterin sinkt. Dieser Umstand begünstigt Herz-Kreislauf-Erkrankungen und kann auch zur Gallensteinbildung führen.

Adipöse Kinder können im Schlaf eine sogenannte „Schlafapnoe" entwickeln. Hier haben sie sekundenlange Atemaussetzer, welche den Sauerstoffgehalt im Blut für kurze Zeit absenken. Dies ist im Schlaf für das Kind nicht wahrzunehmen. Tagsüber allerdings können Müdigkeit oder Kopfschmerzen als Folgen entstehen.

Es gibt Kinder mit Adipositas, die alle genannten Folgeerkrankungen gleichzeitig aufweisen. Dies wird unter Ärztinnen und Ärzten auch als „tödliches Quartett" bezeichnet.

Von 100 übergewichtigen Kindern haben sieben bis zehn Kinder eine Fettleber. Die aufgenommenen Kalorien, und damit die nicht verbrauchte Energie, setzt sich (auch) in der Leber ab, was zu Lebererkrankungen führen kann (Barmer 2022). Jährlich sterben über 2,8 Millionen Menschen an den Folgen von Übergewicht (auf dem Kampe 2023, S. 80).

Psychische und soziale Folgen von Übergewicht

Kinder mit Übergewicht werden von anderen Kindern oft gehänselt und verspottet. Zudem sind sie Stigmatisierungen und Vorurteilen ausgesetzt. Übergewichtige Kinder machen oft Ausgrenzungserfahrungen, etwa:

- „Du darfst nicht mit auf die Nestschaukel. Du bist zu schwer!"
- „Mit dir kann man nicht wippen, weil du so dick bist!"
- „Du kannst keine Prinzessin spielen, weil es keine fette Prinzessin gibt!"

Auch unterschwellig nehmen Kinder negative Reaktionen auf ihr Körpergewicht wahr, etwa mitleidige oder angeekelte Blicke anderer Menschen. Dauerhafte Diskriminierungserfahrungen können zu Depressionen, innerem und äußerem Rückzug und zu Ängsten führen. Es liegt auf der Hand, dass das Selbstwertgefühl und die Selbstsicherheit von übergewichtigen Kindern zuweilen stark in Mitleidenschaft gezogen wird. Sie sind unsicherer beim Knüpfen sozialer Kontakte, aus Angst, aufgrund ihres Körperumfangs abgewiesen oder verspottet zu werden. Aufgrund dieser Erfahrungen werden übergewichtige Kinder ihren Körper höchstwahrscheinlich nicht gerne mögen. Sie werden ihn als mangelhaft erleben und ihn nicht wertschätzen.

Für viele übergewichtige Kinder reiht sich eine Kette an Folgen zusammen, wie ein Teufelskreis.

Fallbeispiel

Der fast sechsjährige Mesut hat Übergewicht. Beim Fangenspielen wird er rasch müde und kann nicht schnell laufen. Für seine Mitspieler:innen ist es keine Herausforderung, ihn zu ticken. Die Kleinen spielen gerne mit ihm, weil er nicht so schnell ist, wie die anderen Großen. Wenn er der „Ticker" ist, hat er kaum eine Chance und ist darauf angewiesen, dass sich ein anderes Kind „erbarmt" und sich freiwillig ticken lässt. Mesut ist frustriert. Nach der Kita tröstet er sich mit Süßigkeiten. Seine Oma verwöhnt ihn gerne mit selbst gemachtem Kuchen und freut sich, wenn Mesut bei ihm ist und isst. Mesut freut sich dann auch. Er stopft sich voll und guckt stundenlang fernsehen. Zu den anderen auf den Hof gehen, um zu spielen, will er nicht. Sie lachen ihn aus und beim Fußball kann er nicht mithalten. So nimmt er an Gewicht zu und bewegt sich letztendlich immer weniger. Ein Teufelskreis aus mangelnder Bewegung – Frustessen/Trostessen und daraufhin noch stärker eingeschränkter Bewegung.

3. Zum Umgang mit Übergewicht in der pädagogischen Praxis

Die genetische Veranlagung, die mitbestimmt, ob ein Kind zu Übergewicht neigt oder nicht, ist nicht zu beeinflussen. Ob diese Veranlagung aber wirksam wird, hängt insbesondere auch von der Art und Weise der Ernährung, sowie der Bewegung ab. Präventionsmaßnahmen, die Übergewicht vorbeugen, sollten sinnvollerweise in der Kita beginnen, denn in diesem Alter sind bestimmte Routinen noch nicht manifestiert. Dies gilt auch für Interventionsmaßnahmen für Kinder, die bereits übergewichtig sind. Damit ist festzuhalten, dass alle Kinder davon profitieren, gesunde Umgangsweisen hinsichtlich Ernährung und Bewegung nahegebracht zu bekommen.

Grundsätzlich gilt: An den Verstand der Kinder zu appellieren ist ebenso sinnlos, wie bei einer erwünschten Verhaltensänderung den Zeigefinger gegenüber Erwachsenen zu heben. Würde das funktionieren, wären die Zigaretten- und Fastfood-Industrie vielleicht bereits bankrott. Kinder verstehen noch weniger als viele Erwachsene, was eine Folgeerkrankung ist und dass diese im Zusammenhang mit einem derzeitigen Verhalten stehen könnte, das sich möglicherweise für den Moment gut anfühlt (etwa der ungebremste Konsum von Kartoffelchips).

Bei Kindern geht es dabei um eine unmittelbare Lustbefriedigung. Kein Kind bewegt sich auf dem Spielplatz, weil Bewegung gut für es ist. Es bewegt sich, weil es Lust darauf hat. Und das Kind isst bevorzugt Nahrungsmittel, auf die es im Augenblick Lust hat und die ihm gut schmecken. „Gesund“ und „nicht gesund“ sind keine Kategorien, die für Kinder nachvollziehbar sind. Deshalb kann es bei Angeboten vor allem um gute, lustvolle sinnliche Körpererfahrungen gehen: Der Joghurt schmeckt cremig und lecker! Es kitzelt so herrlich im Bauch, wenn ich ganz hochschaukle.

Pädagogische Fachkräfte als Vorbild

Der bekannte Satiriker Karl Valentin war der Ansicht, man bräuchte Kinder nicht zu erziehen, da sie den Erwachsenen sowieso alles nachmachten. Dies trifft auch in hohem Maße auf die Gesundheitserziehung zu. Ernährungsverhalten, Bewegungsverhalten und den Umgang mit Medien erlernen Kinder vor allem durch Beobachtung und Imitation. Kinder orientieren sich dabei insbesondere an Menschen, die älter als sie sind, zu denen sie eine gute Beziehung haben und die sie gerne mögen. Neben Eltern und auch älteren Geschwistern taugen selbstverständlich auch pädagogische Fachkräfte als Modelle zur Nachahmung. Wenn Kinder tagtäglich sehen, dass die pädagogische Fachkraft Wasser zum Frühstück und zwischendurch trinkt, werden sie dies vermutlich übernehmen. Zudem ist es auch für Kinder ziemlich unglaubwürdig, wenn die Fachkraft lehrt, dass gesüßte Getränke nicht gesund sind, und die Kinder sie dann mit einem Eistee sehen.

Dr. S. Hoffmann von der Universität Mainz hat im Rahmen seiner Dissertation herausgefunden, dass die körperliche Inaktivität sowie das überdurchschnittlich häufige Übergewicht pädagogischer Fachkräfte, einen nachweisbaren Einfluss auf das Körpergewicht der ihnen anvertrauten Kinder hat (Ärzte-Zeitung 2015).

Es ist also bei jedem Thema, das Fachkräfte den Kindern nahebringen, notwendig, dass sie auch ihr eigenes Verhalten reflektieren, denn die Vorbildfunktion ist ein wesentlicher Faktor bei den Lernprozessen der Kinder.

3.1 Bewegung in den Kitaalltag bringen

Alle Kinder brauchen viel Bewegung

Kinder bewegen sich durchschnittlich zu wenig. Das heißt, dass alle Kinder von Bewegungsangeboten in der Kita enorm profitieren. Die Empfehlung der WHO lautet, dass ein Kind sich täglich mindestens eine Stunde mäßig bis anstrengend bewegen sollte, um die Gesundheit zu erhalten. Mehr als drei Viertel der drei- bis 17-jährigen Mädchen und mehr als zwei Drittel der Jungs erreichen die WHO-Empfehlung nicht. Bewegung bzw. ein körperlich aktiver Lebensstil dient sowohl einer ausschlaggebenden Intervention bei Übergewicht als auch dessen Prävention. Bewegung verbraucht Energie, die zuvor durch kalorienhaltige Nahrung aufgenommen wurde. Auf diese Weise wird sie nicht in überschüssiges Körperfett umgewandelt (AdiMonIndikatorensystem, RKI 2018, S. 8).

Bewegungsangebote müssen freudvoll für alle Kinder sein

Kinder haben einen angeborenen Bewegungsdrang, dem sie nachkommen sollten. Die Kita sollte also ein bewegungsfreudiger Raum sein, in dem sowohl zu

Alltagsbewegung motiviert wird, als auch den Kindern intensive Bewegungsangebote gemacht werden. Das Wichtigste ist, dass die Bewegung den Kindern Freude macht. Dann ist die Chance am größten, dass sie sich auch später gerne bewegen und Sport treiben. Um den Kindern ein passendes, altersentsprechendes Bewegungsangebot in der Kita zu machen, bei dem alle Kinder freudvolle Bewegungserfahrungen machen können, sollten laut Prof. Renate Zimmer (Zimmer 1993, S. 155 ff.) insbesondere folgende Aspekte bei der Planung und Durchführung der Bewegungsangebote beachtet werden: Grundsätzlich muss jedes Bewegungsangebot den Interessen, Bedürfnissen und dem Entwicklungsstand der Kinder entsprechen. Das Bewegungsangebot sollte so gestaltet sein, dass die Kinder weder über- noch unterfordert werden. Sinnvoll ist es beispielsweise, vertraute Materialien und Bewegungen in das Angebot einzubauen und dazu einige neue hinzuzufügen, welche den Kindern neue Anreize und Bewegungsimpulse geben. Das Bewegungsangebot sollte dabei so arrangiert sein, dass alle Kinder immer in Bewegung sein können. So sollten zum Beispiel lange Wartezeiten vor einem Turngerät vermieden werden, indem mehrere Geräte parallel aufgebaut sind. Das Bewegungsangebot sollte entsprechend der Entwicklung eines Vorschulkindes einen großen Anteil von Symbol- und Rollenspielen beinhalten. So könnte ein Kasten, auf den geklettert werden kann, ein Berg sein und auf dem Trampolin springt ein Kind als Känguru. Das Angebot sollte zwar gut durchdacht und geplant sein, aber in der Durchführung sollte die pädagogische Fachkraft kritisch beobachten, ob es tatsächlich den Fähigkeiten, Bedürfnissen und Interessen der Kinder entspricht. Manchmal ist es sinnvoll, ein Angebot spontan den jeweiligen Kindern anzupassen. Die Teilnahme an den Bewegungsangeboten ist freiwillig. Manchmal beobachten Kinder das Treiben der anderen Kinder, bevor sie mitmachen. Sie sind dann innerlich beteiligt, bevor sie äußerlich selbst aktiv werden. Nach einer Ermutigung des Kindes zum Mitmachen der pädagogischen Fachkraft, sollte das Kind in Ruhe gelassen werden. Überreden oder Schimpfen ist kontraproduktiv. Wenn das Kind möchte, wird es mitmachen. Das Kind sollte auch während des Angebots immer wieder die Möglichkeit bekommen, Entscheidungen zu treffen. Möchte ich über den kleinen Kasten krabbeln? Möchte ich mich heute an den mittleren Kasten wagen? Durch differenzierte Schwierigkeitsgrade in einem Angebot haben die Kinder die Möglichkeit, selbstbestimmt handeln zu können. Sie können auf Vertrautes zurückgreifen oder sich Neues erschließen. Differenzierungen gelingen auch über die Art und Weise, wie die Fachkraft die Kinder zu Bewegung auffordert. Hier sollten Bewegungsaufgaben als „Wie-Fragen" bevorzugt werden. „Wie komme ich von der einen Seite der Bank auf die andere Seite?" oder „Wie komme ich vom Kasten auf die Matte hinunter?" Das Kind kann entscheiden, ob es balancierend, auf dem Po rutschend oder auf dem Bauch liegend rutschend über die Bank gelangen möchte. Es kann entscheiden, ob es vom Kasten auf die Matte springen will oder sich umdreht und hinunterklettert. Alles ist richtig. Im Gegensatz dazu stehen Bewegungsanweisungen, wie „Balanciere über die Bank!“ oder „Springe vom Kasten auf die Matte!“. Hier können die Kinder nicht entscheiden und sie können an der Aufgabe scheitern, was ihnen möglicherweise die Lust an Bewegungsangeboten und Bewegung an sich zunichtemacht. Auch die motivierend gemeinten Fragen wie „Wer von euch kann über die Bank balancieren?“ schließt die Kinder aus, die diese Frage mit „Nein!“ oder „Vielleicht!“ beantworten müssen. Das hat unter Umständen weitreichende Folgen, denn diese Frustration bezieht sich auch auf das Selbstbild und Körperbild des Kindes. Erwachsene, die sich an einen Schulsport erinnern, der ihren Fähigkeiten und Interessen nicht entsprochen hat, denken manchmal lebenslang, dass sie „unsportlich“ seien und Bewegung nichts für sie ist. Und wer das über sich denkt, wird sich ungern und eher wenig bewegen.

Bewegung nicht auf den Bewegungsraum beschränken

Bewegungsimpulse und Bewegungsangebote sollten sich selbstverständlich nicht nur auf die Turnhalle oder den Bewegungsraum bzw. auf das Außengelände beschränken. Schaukeln, Hängematten und Seile können auch im großen Eingangsbereich oder in einem weitläufigen Flur mit Deckenschienen und Trägerleisten angebracht werden. Matten können schnell ausgebreitet werden, und schon können die Kinder spielen und sich bewegen. Möglich ist es auch, eine Hüpfmatte auf dem Flur zu platzieren. Ein langer Flur kann eine tolle Strecke für Rolltiere oder Bobbycars sein. Selbstverständlich muss die Sicherheit der Kinder stets gewährleistet sein. Spielzeiten mit den Bewegungsgeräten müssen hausintern koordiniert werden. Unter Umständen müssen Aufsichten eingeteilt und gemeinsam mit den Kindern Nutzungsregeln erarbeitet werden.

Bewegung auf dem Flur

Auch der Flur kann hervorragend für Bewegungsanlässe genutzt werden. Im Folgenden finden Sie einige Ideen dazu.

Von Stein zu Stein hüpfen

Alter: ab drei Jahren
Anzahl der Teilnehmer:innen: ab einem Kind
Materialien: rutschfeste Filzpads/Teppichfliesen
Vorbereitung: –

So wird es gemacht:
Die Kinder legen die rutschfesten Teppichfliesen auf den Flur in eine Reihe. Das sind die Steine und der Flur steht in ihrer Fantasie unter Wasser. Die Kinder springen oder gehen von Stein zu Stein, um keine nassen Füße zu bekommen. Je nach Fähigkeit des Kindes werden die Steine enger oder weiter voneinander entfernt platziert. Das Spiel kann kindgerecht in ein Rollenspiel integriert werden. So können Kinder Fische sein, die um die Steine herumschwimmen. Möglicherweise ist ein Hai dazwischen, sodass die Kinder auf keinen Fall auch nur einen Zeh ins Wasser halten dürfen.

Drunter und drüber auf dem Flur

Alter: ab drei Jahren
Anzahl der Teilnehmer:innen: ab einem Kind
Materialien: zwei massive Stühle, Matte, Gummiband
Vorbereitung: Die Stühle werden ca. zwei Meter voneinander entfernt aufgestellt. Das Gummiband wird mehrfach zwischen den Stühlen gespannt und an diesen befestigt. Darunter wird eine Matte gelegt.

So wird es gemacht:
Die Kinder stellen sich vor der Gummibandzaunsperrung auf. Sie haben die Aufgabe, auf die andere Seite zu gelangen, ohne dass das Gummiband den Körper berührt. Die Kinder können auf dem Boden robbend unter der Sperre durchkrabbeln, hinübersteigen oder sich auch zwischen den Gummibändern hindurchwinden.

Hinweis: Das Flurstück muss auf jeden Fall abgesperrt sein, sodass rennende Kinder nicht ins Hindernis laufen.

Pferderennstrecke mit Hindernissen

Alter: ab drei Jahren
Anzahl der Teilnehmer:innen: ab einem Kind
Materialien: niedrige Schaumstoffelemente, Seile
Vorbereitung: Die Schaumstoffelemente und Seile werden in unterschiedlichen Abständen voneinander hintereinander als Hindernisse auf den Boden gelegt.

So wird es gemacht:
Die Kinder spielen Pferde und der Flur stellt den Parcours dar, den die Pferde überwinden können. Zur Einführung können die Pferde den Flur um die Hindernisse herum auf und ab laufen und ihre drei Gangarten üben: Schritt, Trab und Galopp. Dann kann das Hindernisrennen beginnen. Die Kinder stellen sich an einem Ende des Flures hintereinander auf. Nach und nach läuft jedes Pferd los und überspringt oder übergeht die Hindernisse.

Hinweis: Da Seile im Spiel sind, müssen die Kinder darauf hingewiesen werden, dass Seile niemals um den Hals gelegt werden dürfen (wegen der Strangulierungsgefahr). Dies muss durch die Fachkraft auch überwacht werden.

Schlittenhunde

Alter: ab drei Jahren
Anzahl der Teilnehmer:innen: ab zwei Kindern
Materialien: große Handtücher/Strandtücher/Bettlaken
Vorbereitung: –

So wird es gemacht:
Ein Kind setzt oder legt sich auf das Handtuch. Ein oder zwei andere Kinder greifen sich eine Ecke vom Tuch. Sie sind die Schlittenhunde und ziehen das Kind auf dem Handtuch über den Flur.

Variante: Das Kind auf dem Handtuch wird von den Kindern über den Flur geschoben.

Putzen wie Pippi Langstrumpf

Alter: ab drei Jahren
Anzahl der Teilnehmer:innen: ab einem Kind
Materialien: Waschlappen, breite Gummibänder
Vorbereitung: –

So wird es gemacht:
Die Kinder stellen sich mit je einem Fuß (mit Hausschuh) auf einen Waschlappen. Der Waschlappen wird mit dem Hausschuh durch das Gummiband fest zusammengebunden. Nun kann es losgehen: Die Kinder gleiten über den Flur.

Variante: Ein Kind hat zusätzlich zwei Waschlappen unter den Händen und gleitet auf allen Vieren über den Flur.

Bewegungsspiele als Rituale im Kitaalltag

Bewegung kann an vielen Stellen im Kitaalltag eingebaut werden. So kann ein Bewegungsspiel ein fester Bestandteil im Morgenkreis sein. Im Folgenden werden einige Ideen vorgestellt.

Begrüßungen

Alter: ab drei Jahren
Anzahl der Teilnehmer:innen: ab vier Kindern
Ort: Stuhlkreis
Materialien: –
Vorbereitung: –

So wird es gemacht:
Ein Kind macht eine Bewegung zur Begrüßung vor – und alle Kinder machen sie nach. Dabei sagen sie laut: „Guten Morgen!" Danach wählt das Kind ein anderes Kind, was sich eine neue Begrüßung ausdenkt, welche alle Kinder imitieren. Beispiele für Bewegungen: Winken, mit dem Kopf nicken, aufspringen und wieder auf den Stuhl setzen, aufstehen und mit dem Popo wackeln oder auch sitzend mit einem Fuß winken.

Das Tier wird herumgereicht

Alter: ab drei Jahren
Anzahl der Teilnehmer:innen: ab vier Kindern
Ort: Stuhlkreis
Materialien: ein kleines Kuscheltier
Vorbereitung: –

So wird es gemacht:
Die pädagogische Fachkraft stellt das Kuscheltier vor, das gleich einmal ins Morgenkreiskarussell darf. Die Fachkraft erzählt, auf welche Weise die erste Runde funktioniert. Sie demonstriert, auf welche Art und Weise das Tier von einem zum anderen Kind in Kreisrichtung weitergegeben wird. Beispiele für Bewegungen: Hoch über dem Kopf weitergeben, mit den Füßen weiterreichen, auf den Handflächen balancierend weitergeben, auf dem Handrücken balancierend weitergeben. Ist das Prinzip verstanden, werden selbstverständlich die Ideen der Kinder aufgegriffen und umgesetzt.

Variante: Zwei Tiere werden zeitversetzt herumgereicht. Kann ein Tier das andere „ticken"?

Platzwechsel: „Alle die ..."

Alter: ab drei Jahren
Anzahl der Teilnehmer:innen: ab sechs Kindern
Ort: Stuhlkreis
Materialien: –
Vorbereitung: –

So wird es gemacht:
Die Kinder sitzen im Kreis. Die pädagogische Fachkraft beginnt und ruft: „Alle Kinder, die (sie denkt sich etwas für die Kinder Passendes aus), wechseln die Plätze. Die Kinder, die das Kriterium erfüllen, begeben sich schnell auf einen frei gewordenen Platz. Wenn alle Kinder wieder sitzen, geht es von vorne los.

Beispiele: „Alle Kinder, die
- heute schon ein Brot gegessen haben

- ein Geschwisterkind haben
- gerne singen
- schon einmal ein kräftiges Gewitter erlebt haben
- schon einmal ohne Eltern irgendwo übernachtet haben
- eine blaue Hose tragen
- gerne mit anderen Kindern spielen
- Schokolade mögen
- ...

wechseln die Plätze!“

Stuhltanz

Alter: ab drei Jahren
Anzahl der Teilnehmer:innen: ab vier Kindern
Ort: Stuhlkreis
Materialien: Musik mit einem klaren Rhythmus
Vorbereitung: –

So wird es gemacht:
Die pädagogische Fachkraft gibt eine einfache Bewegung vor und die Kinder machen sie mit. Diese wird in vier Zählzeiten ausgeführt. Danach darf ein Kind eine einfache Bewegung vorgeben, die wiederum eingeübt wird und in vier Zählzeiten ausgeführt wird. Die Zählzeiten werden von der Fachkraft zur Orientierung laut mitgezählt. Nun werden die beiden Bewegungen aneinandergesetzt. Also vier Zählzeiten für Bewegung eins und vier Zählzeiten für Bewegung zwei. Fertig ist ein kleiner Tanz, den alle gemeinsam tanzen. Es können noch weitere Bewegungen dazu eingübt und durchgeführt werden, je nach Konzentrationsfähigkeit der Kinder – oder die Bewegungen werden stets im Wechsel gemacht.

Beispiele für Bewegungen:
- Auf der Sitzfläche sitzen und mit den Füßen zappeln.
- Auf der Sitzfläche hocken.
- Vor den Stuhl auf den Boden in einen Schneidersitz setzen.
- Auf dem Stuhl sitzen und die Arme über dem Kopf zusammenführen und dann wieder neben den Körper bringen.
- Den Kopf nach links und rechts drehen.
- Die Schultern kreisen.

- Nach vorn bücken und rhythmisch auf die Unterseite der Sitzfläche klopfen.
- Aufspringen, hüpfen und wieder hinsetzen.
- ...

Bewegungen würfeln

Alter: ab drei Jahren
Anzahl der Teilnehmer:innen: beliebig
Ort: Stuhlkreis
Materialien: Schaumstoffwürfel
Vorbereitung: –

So wird es gemacht:
Die Kinder überlegen sich eine Bewegung, z. B. hüpfen, Kniebeugen, die Hände über dem Kopf zusammenklatschen. Ein Kind beginnt zu würfeln. Alle Kinder wiederholen nun diese Bewegung so viele Male, wie sie Punkte auf der gewürfelten Seite sehen. Zur Orientierung zählen die Fachkraft und die Kinder laut mit. Nach einigen Runden wird eine neue Bewegung festgelegt und das Spiel geht weiter.

Bewegungsgeschichte: Riese, Zwerg und Flummi

Alter: ab drei Jahren
Anzahl der Teilnehmer:innen: beliebig
Ort: im Stuhlkreis
Materialien: –
Vorbereitung: –

So wird es gemacht:
Die Fachkraft erzählt folgende Geschichte. Bei bestimmten Wörtern, müssen die Kinder schnell bestimmte Bewegungen machen:

Riese: Die Kinder klettern auf den Stuhl und strecken die Arme in die Luft, denn sie machen sich so groß wie sie können.
Zwerg: Die Kinder machen sich so klein wie sie können, dabei können sie z. B. auf den Boden vor dem Stuhl in die Hocke gehen.
Flummi: Die Kinder springen auf und hüpfen auf der Stelle.

Der Streit
Es waren einmal ein großer Riese
und ein kleiner Zwerg.
Sie bekamen von einem sehr netten Zauberer einen Flummi geschenkt.
„Ich will mit dem Flummi spielen!", rief der Riese.
„Nein, ich will ihn haben", rief der Zwerg.
„Meiner!", schrie der Riese.
„Meiner!", schrie der Zwerg zurück.
Und was machte der Flummi?
Er lag auf dem Boden und hörte zu, wie sich der Riese und der Zwerg anschrien und sich stritten.
„Hey!", rief der Flummi ganz leise. „Hallo!" Nun wurde der Flummi lauter. „Ihr zwei Streitköpfe! Ich liege hier die ganze Zeit herum und langweile mich. Wieso spielt ihr nicht zusammen mit mir?"
„Ja!", meinte da der Zwerg und hob den Flummi auf.
„Genau!", brummte der Riese und machte sich bereit,
denn er wusste, dass er jetzt gleich einen Flummi fangen muss.
Sie spielten bis zum Abend mit dem Flummi und als der Riese und der Zwerg zusammen im Bett lagen, durfte der Flummi in ihrer Mitte liegen.

Bewegung in der Aufräumsituation

Die Aufräumsituation ist für einige Kind nicht der schönste Teil im Tagesablauf. Ohne Zeitdruck lassen sich Aufräumsituationen zu freudvollen Bewegungszeiten nutzen.

Der König befiehlt: Aufräumen wie eine feine Dame!

Alter: ab drei Jahren
Anzahl der Teilnehmer:innen: beliebig
Ort: Gruppenraum
Materialien: Stuhl
Vorbereitung: Ein Stuhl wird auf den Tisch gestellt.

So wird es gemacht:
Ein Kind wird zum Aufräumkönig oder zur Aufräumkönigin bestimmt. Es darf sich auf den Stuhl, der auf dem Tisch steht, setzen. Der König oder die Königin

darf die Kinder beaufsichtigen und kontrollieren, ob auch alle gemäß seines Wunsches aufräumen. Diesen Wunsch darf es nämlich zuvor äußern.

Beispiele:

- Räumt wie eine feine Dame oder ein feiner Herr auf!
- Räumt wie ein Roboter auf!
- Räumt wie ein schleichender Leopard auf!
- Räumt wie ein Weihnachtsmann auf!
- ...

(vgl. Hubrig 2021a, S. 38)

Hand in Hand-Aufräumen

Alter: ab vier Jahren
Anzahl der Teilnehmer:innen: beliebig
Ort: Gruppenraum
Materialien: Tücher
Vorbereitung: –

So wird es gemacht:
Die Kinder bilden Teams. Jedes Team fasst sich an den Händen. Nun wird aufgeräumt, aber die Kinder dürfen sich dabei nicht loslassen.

Stopp-Aufräumen

Alter: ab drei Jahren
Anzahl der Teilnehmer:innen: beliebig
Ort: Gruppenraum
Materialien: Musik
Vorbereitung: –

So wird es gemacht:
Die Kinder räumen zur Musik auf. Wenn die pädagogische Fachkraft die Musik stoppt, verharren alle Kinder und sind wie „eingefroren“, ohne sich zu bewegen. Stehen alle regungslos da, geht die Musik wieder an und das Aufräumen geht weiter. Bis zum nächsten Musikstopp. Das Spiel ist zu Ende, wenn der Gruppenraum aufgeräumt ist.

Bewegte Wartezeiten

Im Alltag der Kita kann es zu Situationen kommen, in denen die Kinder warten müssen, wie etwa am Tisch, bis das Essen kommt, vor der Turnhalle, bis alle Kinder da sind oder vor dem Ausflug, bis der Bus kommt.

Stopp and go

Alter: ab drei Jahren
Anzahl der Teilnehmer:innen: beliebig
Ort: beliebig
Materialien: –
Vorbereitung: –

So wird es gemacht:
Wenn die pädagogische Fachkraft das Startzeichen „Go!" gibt, rennen alle Kinder auf der Stelle. Ruft die Fachkraft „Stopp!", verharren alle Kinder bewegungslos in einer Pose. Bei „Go!" laufen sie wieder auf der Stelle.

Alle Stühle fliegen hoch

Alter: ab drei Jahren
Anzahl der Teilnehmer:innen: beliebig
Ort: beliebig
Materialien: –
Vorbereitung: –

So wird es gemacht:
Das Spiel lehnt sich an den Klassiker „Alle Vögel fliegen hoch!" an. Die Kinder setzen sich auf einen Stuhl/Bank oder auf den Boden. Die pädagogische Fachkraft sagt „Alle z. B. Stühle fliegen hoch!" oder „Alle Luftballons fliegen hoch!" oder Ähnliches. Wenn etwas genannt wird, was tatsächlich hochfliegen kann, springen alle Kinder so hoch sie können in die Luft und setzen/hocken sich anschließend wieder hin, bis wieder etwas genannt wird, was hochfliegen kann.

Beispiele:

- Alle Zahnbürsten fliegen hoch.
- Alte Hubschrauber fliegen hoch.
- Alle Brötchen fliegen hoch.
- Alle Schmetterlinge fliegen hoch.
- Alle springenden Kinder fliegen hoch.
- Alle Schlangen fliegen hoch.
- Alle Bälle fliegen hoch.
- Alle Hochhäuser fliegen hoch.
- ...

Oho! Oho! Unser Clown macht heute so!

Alter: ab vier Jahren
Anzahl der Teilnehmer:innen: ab drei Kindern
Ort: beliebig
Materialien: –
Vorbereitung: –

So wird es gemacht:
Die Kinder stehen in einem Kreis. Das erste Kind beginnt zu sagen: „Oho! Oho! Unser Clown macht heute so!“ und es macht eine einfache Bewegung vor. Nun sagt das Kind neben dem Kind: „Oho! Oho! Unser Clown macht heute so!“ Es macht die bekannte Bewegung und dann – „Oho! Oho! Unser Clown macht heute so!“ – fügt es eine weitere Bewegung hinzu. Nun kommt das nächste Kind an die Reihe usw. Ähnlich dem Prinzip des Spieles „Ich packe meinen Koffer“, muss jedes Kind die vorherigen Bewegungen wiederholen und eine neue Bewegung dazu machen. Wenn ein Kind nicht weiterweiß, helfen ihm die anderen selbstverständlich. Möglich ist es auch, dass immer alle Kinder in Bewegung sind und alle Bewegungen mitmachen.

Wichtig ist, dass die Bewegungen sehr klar und einfach sind. Es eignen sich beispielsweise:

- Arm kreisen
- Bein anheben und wieder abstellen
- in die Hocke gehen und wieder hinstellen
- mit imaginären Flügeln schlagen
- Schultern hochziehen und fallenlassen

- nach oben gucken
- die Hände über dem Kopf zusammenführen und wieder neben den Körper bringen
- ...

Ein Tänzchen vor dem Essen

Alter: ab drei Jahren
Anzahl der Teilnehmer:innen: ab drei Kindern
Ort: auf Stühlen
Materialien: –
Vorbereitung: –

So wird es gemacht:
Die pädagogische Fachkraft leitet folgenden Sitztanz an. Anstelle von Musik, wird bei jeder Bewegung gemeinsam rhythmisch von eins bis vier gezählt:

- 1–2–3–4: mit beiden Händen auf die rechte Außenseite des rechten Oberschenkels klopfen
- 1–2–3–4: mit beiden Händen auf die linke Außenseite des linken Oberschenkels klopfen
- 1–2–3–4: mit beiden Händen auf den Kopf klopfen
- 1–2–3–4: mit der Hüfte auf dem Stuhl wackeln, dabei die Arme nach vorne strecken, anwinkeln und die Unterarme umkreisen sich

Wiederholung.

Wenn alle Kinder sicher im Bewegungsablauf sind, kann das Tempo erhöht werden.

Bewegung auf dem Außengelände

Das Außengelände bietet in der Regel den meisten Platz für vielseitige Bewegungsspiele für Kinder. Sie rennen und springen, sie schaukeln und rutschen, sie klettern und laufen. Auf dem Außengelände können die Kinder laut sein, ohne dass sich jemand anderes dadurch gestört fühlt. Gut ist, wenn Kinder das Außengelände (unter Berücksichtigung der Aufsichtspflicht) auch selbstständig nutzen können. So kann eine Kleingruppe älterer Kita-Kinder beispielsweise nach Einschätzung der zuständigen Fachkraft ohne Begleitung Erwachsener draußen spielen. Wichtig ist, dass in der Kita Kleidung für jede Wetterlage für jedes Kind vorhanden ist. Denn auch bei Regen und Kälte gehen Kinder gerne draußen spielen.

Auf dem Außengelände haben Kinder neben dem freien Spiel auch die Möglichkeit, Bewegungsspiele in Gruppen durchzuführen. Hierzu brauchen sie ggf. Fachkräfte, die ihnen Spiele zeigen, welche sie anschließend selbstorganisiert durchführen können. Kinder, die gelernt haben, Spiele selbstorganisiert mit anderen Kindern durchzuführen, können dieses ggf. auch mit Kindern aus der Nachbarschaft zu Hause umsetzen. In der Regel brauchen Bewegungsspiele kein Material, sondern sie können ohne Vorbereitung gespielt werden. Einige Ideen werden im Folgenden vorgestellt.

Mutter, Mutter, wie viele Schritte darf ich gehen?

Alter: ab fünf Jahren
Anzahl der Teilnehmer:innen: ab fünf Kindern
Ort: große, freie Fläche
Materialien: –
Vorbereitung: –

So wird es gemacht:
Ein Kind ist die Mutter. Diese stellt sich (je nach Größe des Platzes) ca. 20 Meter von der Gruppe entfernt auf. Die Gruppe stellt sich nebeneinander in eine Reihe. Die Mutter dreht sich um, sodass sie mit dem Rücken zur Gruppe steht. Das erste Kind der Gruppe fragt die Mutter: „Mutter, Mutter – wie viele Schritte darf ich gehen?" Die Mutter antwortet, in dem sie eine Zahl sagt, z. B. sieben Schritte." Das Kind geht sieben Schritte vor. Nun kommt das nächste Kind an die Reihe. „Mutter, Mutter, wie viele Schritte darf ich gehen?" Die Mutter sagt wieder eine Schrittanzahl usw. So setzen sich nacheinander alle Kinder in Bewegung. Wer die Mutter zu erst am Rücken berührt, hat gewonnen.

Variation: Die Mutter darf nicht nur die Anzahl der Schritte bestimmen, sondern auch die Größe, bzw. Laufrichtung. Es gibt zum Beispiel „Mäuseschritte" (vorwärts und rückwärts) oder auch „Känguruhopser" (vorwärts und rückwärts).

1,2,3 Berliner Schritt

Alter: ab vier Jahren
Anzahl der Teilnehmer:innen: ab fünf Kindern
Ort: große, freie Fläche
Materialien: –
Vorbereitung: –

So wird es gemacht:
Ein Kind steht mit dem Rücken ca. 20 Meter von der Kindergruppe entfernt. Die Kindergruppe stellt sich nebeneinander in einer Reihe auf. Das Kind, das mit dem Rücken zur Gruppe steht, dreht sich um sich selbst und ruft „Eins, zwei, drei – Berliner Schritt!" Bei Schritt bleibt es vor der Gruppe stehen und alle Kinder müssen in ihrer Bewegung verharren. Wer wackelt, muss drei große Schritte rückwärtsgehen. Dann dreht sich das Kind wieder und ruft „1,2,3 – Berliner Schritt!", und das Spiel geht von vorne los. Wer das Kind vorne aus der Gruppe als Erstes berühren kann, hat gewonnen.

Fischer! Fischer!

Alter: ab vier Jahren
Anzahl der Teilnehmer:innen: ab fünf Kindern
Ort: Außengelände
Materialien: etwas zum Markieren einer Linie (z. B. ein Seil zum Hinlegen)
Vorbereitung: Es werden im Abstand von ungefähr fünf Metern zwei Linien markiert.

So wird es gemacht:
Die beiden Linien markieren das Ufer und dazwischen denken sich die Kinder das Wasser. Ein Kind wird als Fischer oder die Fischerin ausgewählt. Es stellt sich hinter eine Linie. Auf der Linie gegenüber stehen die anderen Kinder. Diese rufen: „Fischer:in, Fischer:in, wie tief ist das Wasser? Der Fischer/die Fischerin antwortet z. B.: „200 Meter tief!" Die Gruppe fragt im Chor: „Wie kommen wir rüber?" Nun denkt sich der Fischer/die Fischerin eine Fortbewegungsart aus, mit der die Kinder das Wasser überqueren und die Seite wechseln können, z. B. „Hüpfen!" Die Kinder bewegen sich also hüpfend zur gegenüberliegenden Seite: Auch der Fischer/die Fischerin bewegt sich hüpfend auf die andere Seite. Er versucht dabei, so viele Kinder wie möglich zu ticken. Die getickten Kinder

werden damit selbst zum Fischer/zur Fischerin und wechseln damit die Seiten. Das Spiel beginnt von vorne. Das Kind, das zuletzt getickt wird, hat gewonnen und darf die nächste Spielrunde als Fischer:in beginnen.

Beispiele für Bewegungen:

- auf einem Bein hüpfen
- mit beiden Beinen hüpfen
- krabbeln
- rennen und dabei klatschen
- laufen und dabei mit dem Po wackeln
- seitwärts gehen
- ...

Verstecken

Alter: ab vier Jahren
Anzahl der Teilnehmer:innen: ab fünf Kindern
Ort: Außengelände
Materialien: –
Vorbereitung: –

So wird es gemacht:
Ein Kind schließt die Augen. Es zählt gemeinsam mit der pädagogischen Fachkraft laut bis 20. Währenddessen verstecken sich alle Kinder. Hat das Kind bis 20 gezählt, ruft es laut: „Ich komme jetzt!" Es macht sich auf den Weg und sucht die Kinder. Hat es eins gefunden, so darf das betreffende Kind aus dem Versteck kommen.

Spaziergänge

Das Gehen ist eine einfache Bewegungsform. Viele Kinder finden Spaziergänge allerdings schnell langweilig. Dabei eignen sie sich, um die Ausdauer der Kinder zu fördern und Bewegung in den Alltag zu bringen. Durch kleine Spielimpulse der pädagogischen Fachkraft lassen sich Spaziergänge freudvoller gestalten. So manche Erzieher:innen wundern sich, welch lange Strecke Kinder zurücklegen können. Einige Bewegungsanregungen, um Spaziergänge attraktiv zu machen, werden hier vorgestellt.

Bis zur nächsten Ecke als Ente watscheln

Alter: ab drei Jahren
Anzahl der Teilnehmer:innen: beliebig
Ort: draußen
Materialien: –
Vorbereitung: –

So wird es gemacht:
Die Kinder einigen sich auf ein Tier. So, wie dieses Tier gehen, hüpfen, rennen, schreiten oder trippeln sie bis zur nächsten Ecke. Dort warten alle, bis die Gruppe wieder beisammen ist. Nun wird ein neues Tier überlegt, und die Kinder bewegen sich entsprechend bis zur nächsten Ecke fort.

Der Schlangenkopf bestimmt

Alter: ab vier Jahren
Anzahl der Teilnehmer:innen: ab vier Kindern
Materialien: –
Vorbereitung: –

So wird es gemacht:
Die Kinder bilden eine Schlange. Das vordere Kind ist der Kopf der Schlange. Es darf eine Bewegungsart vorgeben und setzt sich in Bewegung. Alle anderen machen diese Bewegung mit. So bewegt sich die Schlange fort. Nach einer gewissen Zeit ruft die Fachkraft: „Die Schlange bleibt stehen!“ Der Kopf der Schlange begibt sich ganz ans Ende, sodass nun ein anderes Kind vorne steht. Dieser neue Schlangenkopf gibt die neue Bewegungsart vor, bis alle Kinder einmal eine Fortbewegungsart vorgegeben haben.

Dinge finden

Alter: ab fünf Jahren
Anzahl der Teilnehmer:innen: ab vier Kindern
Materialien: pro Kind einen Zettel (siehe Vorbereitung), ein Klemmbrett, Stift ohne Kappe, der mit einem Faden am Klemmbrett befestigt ist

Vorbereitung: Die Fachkraft bereitet eine Liste vor. Sie malt Gegenstände oder Dinge auf, die auf dem geplanten Spazierweg zu sehen sind, z. B. drei Fenster, drei Haustüren, zwei Vögel, drei Bäume, ein Briefkasten, eine Bushaltestelle, ein Hund, zwei Stopp-Schilder, drei Ampeln u. Ä.
Anzahl der Teilnehmer:innen: beliebig

So wird es gemacht:
Jedes Kind bekommt diese Liste mit einem Klemmbrett und Stift. Es hat nun die Aufgabe, während des Spazierganges aufmerksam zu gucken, ob es diese Dinge sieht. Sieht es etwas von der Liste, wird es durchgestrichen. Wenn alle Sachen durchgestrichen sind, ist das Spiel vorbei.

Bewegungslandschaften

Eine kindgerechte Bewegungsmöglichkeit ist der Aufbau vielseitiger Bewegungslandschaften. In der Turnhalle baut die Fachkraft gemeinsam mit den Kindern große Turngeräte, wie Kästen, Barren usw. und Kleingeräte, wie Reifen oder Keulen als Spielgeräte auf. Die Kinder dürfen sich dann frei in dieser Bewegungslandschaft bewegen. Die Bewegungslandschaft kann sich auf ein bestimmtes Spielthema beziehen, sodass die Kinder ihre Spielideen in Bewegung umsetzen können. Das Schöne an einer Bewegungslandschaft ist, dass alle Kinder mit ihren Fähigkeiten mitmachen können, denn die Kinder suchen sich aus, wie und wo sie sich bewegen möchten. Sie müssen keine Parcours abarbeiten und sich nicht in eine Schlange stellen, bis sie dran sind. Die pädagogische Fachkraft sorgt für den sicheren Aufbau der Geräte und steht den Kindern unterstützend zur Seite. Das Grundprinzip der Bewegungslandschaft ist aber, dass die Kinder sich selbstständig bewegen. Wenn sie etwas noch nicht können, dann leistet die Fachkraft keine Hilfestellung, sondern das Kind sucht sich eine Alternative.

Themen, die sich anbieten sind: Zirkus, Jahrmarkt, Baustelle, Feenland, Ritter und Burgen, Dschungel, …

Beispiele für einfache Aufbauten in der Turnhalle:

- Bänke auf verschiedenen Höhen einer Sprossenwand einhängen.
- Unterschiedlich hohe Kästen aufstellen (mit Weichbodenmatten dahinter zum Draufspringen).
- Matte zwischen zwei Kästen einklemmen, sodass eine Höhle entsteht.
- Matte über zwei Kästen legen, sodass ein Tunnel entsteht.

- Hin- und Herschwingen am Tau ermöglichen.
- Medizinbälle gleichmäßig unter eine Weichbodenmatte legen, sodass eine Wackelmatte entsteht.
- Seile an der Sprossenwand befestigen und sich auf dem Rollbrett (sitzend) durch das Seil Richtung Wand ziehen.

Beispiele für Aufbauten ohne Turngeräte:

- aufgepustete Luftballons in einen Bettbezug legen, Bettbezug verschließen, sodass ein gemütliches Bett zum Ausruhen entsteht
- Schaumstoffelemente
- ausrangierte Bälle unter eine Matratze legen als Wackelmatte

Literatur zum Aufbau von Bewegungslandschaften:

- Grüger, C./Hubert, Y. (2020): Phantasievolle Bewegungslandschaften für Kindergarten- und Vorschulkinder: 75 Stationskarten für das ganze Jahr. Wiebelsheim: Limpert.
- Köster, C. (2017): Bewegungslandschaften zum aktiven Ausprobieren für 3- bis 6-Jährige: Komm und such dein Abenteuer! Berlin: Cornelsen bei Verlag an der Ruhr.

Einige Sicherheitshinweise zum Auf- und Abbau von Geräten

Die pädagogische Fachkraft sollte die Kinder mit in den Auf- und Abbau der Bewegungslandschaft einbeziehen. Diese Auf- und Abbauten dauern lange und sollten als Bestandteil des Bewegungsangebotes mit einbezogen werden. Viele Unfälle entstehen unter Zeitdruck und dieser ist vermeidbar. Dafür müssen die Kinder sich genau an die Anweisungen der Fachkraft halten. Selbstverständlich sollte die Fachkraft den einzelnen Kindern die Aufgaben übertragen, die sie auch ausführen können. Den Kindern sollte klar sein, dass das Aufbauen und Abbauen keine Spielzeit ist.

Kostenfreie Materialien, die zu Bewegung anregen

Es gibt viele Materialien und Geräte, die Kinder zur Bewegung anregen. Hervorragend sind große Schaumstoffelemente, Matten, ein Schwungtuch, Schaumstoffbälle usw. Diese sind allerdings teuer. Nahezu kostenfrei gibt es viele Alltagsgegenstände und Materialien, die Bewegungsimpulse bieten und zu kreativen Bewegungsideen anregen. Diese sind beispielsweise Bürsten, Wischtücher, Zeitungen, Pappteller, Fliegenklatschen, Kartons, Putzschwämme, Wäscheklammern, Bierdeckel. Das Kreative am Bewegen mit Alltagsgegenständen ist, dass sie nicht für bestimmte Bewegungsspiele oder Bewegungsweisen konstruiert sind. So können ganz neue Bewegungsideen entstehen.

Im Folgenden werden ein paar Bewegungsideen mit Alltagsmaterialien vorgestellt.

Krabbeltiere mit großen Schuhen

Alter: ab drei Jahren
Anzahl der Teilnehmer:innen: ab einem Kind
Ort: Turnhalle, Flur
Materialien: Schuhkartons (möglichst in verschiedenen Größen)
Vorbereitung: –

So wird es gemacht:
Jedes Kind bekommt vier Schuhkartons. Sie laufen auf Händen und Füßen herum und dürfen dabei an ihren Füßen je einen Schuhkarton haben. So bewegen sich die lustigen Krabbeltiere schnell und langsam durch den Raum. Je nach motorischen Fähigkeiten könne Hände und Füße in Kartons stecken oder auch nur eine Hand und ein Fuß oder auch nur ein Fuß.

Der große Aufräumtag

Alter: ab drei Jahren
Anzahl der Teilnehmer:innen: ab sechs Kindern
Ort: Bewegungsraum
Materialien: Zeitungen, farbiges Klebeband, zwei Wäschekörbe
Vorbereitung: Die Kinder zerknüllen die Zeitungen zu Bällen und wickeln Kreppband drumherum. Die fertigen Bälle werden zu gleichen Teilen auf zwei Wäschekörbe verteilt.

So wird es gemacht:
Die Kinder teilen sich in zwei gleichgroße Gruppen. In der Mitte der Halle wird mit Klebeband eine Linie auf dem Boden markiert. Jede Gruppe versammelt sich auf einem Spielfeld. Die pädagogische Fachkraft kippt in jedem Spielfeld einen der Wäschekörbe aus, sodass die Bälle auf dem Spielfeld liegen. „Was ist denn hier passiert?“, ruft sie. Wer hat denn hier nicht aufgeräumt? Alle Bälle liegen auf dem Boden! Auf ein Zeichen hin wird aufgeräumt: Die Kinder nehmen die Bälle und werfen sie ins Feld der anderen Gruppe. Nach einigen Minuten ruft die Fachkraft: „Stopp!“ Nun dürfen keine Bälle mehr geworfen werden. Welches Feld ist aufgeräumter? In welchem Feld liegen weniger Bälle? Wenn das ermittelt wurde, werden die Bälle wieder in die Wäschekörbe gelegt, und das Spiel beginnt von vorne.

Fliegenklatschentennis

Alter: ab drei Jahren
Anzahl der Teilnehmer:innen: ab zwei Kindern
Ort: Bewegungshalle
Materialien: Fliegenklatschen, Luftballons
Vorbereitung: Die Luftballons werden aufgepustet und verknotet.

So wird es gemacht:
Jedes Kind bekommt eine Fliegenklatsche und einen Luftballon. Mit der Fliegenklatsche versucht es, den Luftballon in der Luft zu halten.

Variation: Die Kinder bilden Paare und stellen sich mit circa zwei Meter Abstand voneinander entfernt auf. Jedes Kind hat eine Fliegenklatsche. Sie haben die Aufgabe, einen Luftballon wie beim Federballspiel abwechselnd hin und her zu spielen.

Aneinander geklemmt

Alter: ab vier Jahren
Anzahl der Teilnehmer:innen: ab vier Kindern
Ort: Bewegungsraum
Materialien: Wäscheklammern
Vorbereitung: –

So wird es gemacht:
Jeweils zwei Kinder klemmen sich mit Wäscheklammern aneinander, z. B. an den Hosenbeinen oder an den Ärmeln des Pullovers. So bewegen sie sich durch den Raum. Welche Bewegungen sind möglich, ohne, dass das Paar auseinanderbricht?

Variante: mehrere Kinder klemmen sich aneinander und bewegen sich durch den Raum.

Wir bauen einen Balancierpacours

Alter: ab drei Jahren
Anzahl der Teilnehmer:innen: ab zwei Kindern
Ort: Bewegungsraum/Flur
Materialien: Bierdeckel
Vorbereitung: –

So wird es gemacht:
Die Kinder legen aus Pappuntersetzern eine Straße auf den Boden. Anschließend balancieren sie über die Straße.

Variante: Die Kinder legen gemeinsam ein großes Straßennetz und balancieren über diese Straßen. Wenn sich zwei Kinder auf einer Straße begegnen, müssen sie so aneinander vorbeibalancieren, dass möglichst kein Kind den Boden berührt (oder nur ganz kurz).

Zeitungsfechten

Alter: ab drei Jahren
Anzahl der Teilnehmer:innen: ab zwei Kindern
Ort: Bewegungshalle/Flur
Materialien: Zeitungen, Klebeband
Vorbereitung: –

So wird es gemacht:
Jedes Kind bekommt eine Zeitung und rollt diese zu einer langen Rolle. Zur Stabilisation kann die Rolle am unteren Ende mit Klebeband fixiert werden. Fertig

ist das Schwert. Nun tun sich jeweils zwei Kinder zusammen und dürfen mit den Schwertern gegeneinander kämpfen.

Dabei gibt es die beiden Grundregeln:
- „Wenn eine:r Stopp ruft, wird der Kampf sofort unterbrochen."
- „Es darf auf den Bauch und die Beine gezielt werden."

Geschichten, die zur Bewegung anregen

Sogenannte „Bewegungsgeschichten" sind besonders für Kinder im Vorschulalter geeignet, denn sie verbinden Bewegungslust und die Fantasiewelt. Beide Aspekte sind in der Entwicklungsphase von Vorschulkindern zentral. Wenn die Fachkraft das Kind animiert, so hoch zu springen, wie ein Grashüpfer, dann springen sie in der Regel höher, als wenn sie zum Hüpfen motiviert werden. Die Kinder versetzen sich in die jeweilige Rolle und füllen sie aus. Pädagogische Fachkräfte können sich rasch selbst Geschichten ausdenken und die entsprechenden Bewegungen dazu machen. Die Kinder werden diese imitieren. Fällt einem spontan keine Geschichte ein, so kann man etwa den letzten Sonntagmorgen beschreiben: „Ich springe aus dem Bett. Ich ziehe mich an. Ich laufe zur Bäckerei, um mir Brötchen für mein Frühstück zu holen usw. Die Kinder können den Verlauf der Geschichte mitbestimmen. Ein Kind erzählt weiter und macht eine Bewegung dazu vor, etwa Folgende: „Und dann steht ein Elefant vor der Bäckerei und trompetet." oder „Und dann kommt *Spiderman*, schnappt sich die Brötchentüte und krabbelt eine Hauswand hoch!". Alle Kinder machen mit.

Ein Bilderbuch als Impuls für eine Bewegungsstunde mit Kuscheltieren

Alter: ab vier Jahren
Anzahl der Teilnehmer:innen: ab zwei Kindern
Ort: Bewegungshalle
Materialien: pro Kind ein Kuscheltier, Bilderbuch
Vorbereitung: –

So wird es gemacht:
Die Kinder versammeln sich mit ihren Tieren in einem Kreis. Zunächst stellt jedes Kind sein Tier vor. Dann beginnt eine Bilderbuchbetrachtung für Kinder und Kuscheltiere. Sollte kein adäquates Bilderbuch zur Hand sein, ist auch das Er-

zählen einer Geschichte denkbar, in der ein übergewichtiges Kind und ein Haustier, Kuscheltier oder Ähnliches als Protagonist fungiert – selbstverständlich mit positivem Ausgang.
Nun sind die Kinder an der Reihe. Sie entwerfen ein Bewegungsprogramm für die Kuscheltiere und sich selbst. Was können wir zusammenspielen? Die Kinder sammeln Ideen und einigen sich darauf, was zuerst gespielt wird. Prinzipiell können alle, den Kindern bekannten, Bewegungsspiele ohne Spielgeräte auch mit Kuscheltieren gespielt werden.

Beispiele:
- Morgengymnastik: Ein Kind/Tier geben eine Bewegung vor und alle anderen machen sie nach.
- Stopptanz
- Plumpssack
- „Fischer, Fischer, wie tief ist das Wasser?"
- ...

Kooperation mit Sportvereinen

Viele Sportvereine kooperieren mit Kitas, indem sie Hallen oder Sportplätze stundenweise zur Verfügung stellen. So können pädagogische Fachkräfte beispielsweise auch Bewegungslandschaften mit Turngeräten umsetzen, die ihnen in der Kita nicht zur Verfügung stehen oder die Kinder haben viel Freifläche für Laufspiele auf dem Fußballplatz, welche das Außengelände der Kita nicht bieten kann. Zudem werden Kinder auch an Sportstätten des Vereinssports herangeführt: Es gibt eine Umkleidekabine, in der man sein Sportzeug anzieht, mit Straßenschuhen darf man die Turnhalle nicht betreten usw. Möglicherweise können auch Eltern zum Mitmachen angeregt werden und als Begleitperson mitgehen. Auch das kann eine Brücke sein, Kinder im Sportverein für Nachmittagskurse anzumelden.

Bewegen im Wasser und Schwimmen

Insbesondere für übergewichtige Kinder bietet sich die Bewegung im Wasser sehr gut an, denn durch die Auftriebskraft des Wassers werden die Gelenke geschont. Außerdem können übergewichtige Kinder ihren Körper einmal anders wahrnehmen – sozusagen schwerelos!

Je früher Kinder sensibilisiert werden, desto leichter fällt es ihnen in der Regel, das Schwimmen zu erlernen und die Angst und Scheu, Wasser gegenüber abzubauen. Es gibt immer mehr Kinder, die erst in der Grundschule Schwimmerfahrungen machen. Um mit den Kindern ins Schwimmbad zu gehen, muss die Aufsicht geplant sein. Auch sollte durch eine Kleingruppe nahezu eine 1:1-Betreuung vor Ort gewährleistet sein. Manchmal bieten Schwimmbäder für Kita-Gruppen besondere Zeiten an mit einer extra Betreuung durch einen Bademeister oder einer Bademeisterin.

Literatur zum Bewegen im Wasser:

- Ahrendt, L. (2013): Schwimmen für Kinder: Kreatives Wasserspiel und frühes Schwimmenlernen im Alter von 3–5 Jahren. Aachen: Meyer & Meyer Sport.
- Aretz, V. (2013): Schwimmen lernen 1: Wassergewöhnung: Spielen & Lernen mit Kindern (Ratgeber für Eltern, Lehrer- und Trainer*innen). Herzogenrath: VA-Verlag.

Die Fachkraft als bewegendes Vorbild

Kinder orientieren sich an den Fachkräften. Ein Erwachsener, der meint, Bewegung ist gut und wichtig, aber alltägliche Bewegungen möglichst vermeidet, ist wenig glaubwürdig. Die pädagogische Fachkraft sollte ein Bewegungsvorbild für die Kinder sein. Für Menschen, die sich nicht gerne bewegen und sportliche Aktivitäten eine Überwindung sind, ist es anstrengend. Biografische Negativ-Erfahrungen, etwa im Sportunterricht in der eigenen Schulzeit, können zu innerlicher Ablehnung führen. Doch in der Kita sollte der Fokus auf der Bewegung liegen, sportliche Leistungen sind allenfalls sekundär. Man muss nicht sportlich sein, um sich zu bewegen! Regelmäßige Bewegung trägt ganz maßgeblich zur Prävention von Erkrankungen wie Herz-Kreislauf-Erkrankungen, hohem Blutdruck, Diabetes oder Übergewicht bei. Die Weltgesundheitsorganisation empfiehlt, dass sich ein Erwachsener innerhalb einer Woche mindestens 150 Minuten moderat, oder 75 Minuten intensiv oder eine Mischung aus beidem, bewegen sollte, um sich gesund zu erhalten. Unter moderater Bewegung versteht man eine Bewegungsintensität, bei der man „nicht nach Luft schnappt“. Bei intensiver Bewegungsintensität hingegen ist eine Unterhaltung aufgrund der Sauerstoffschuld nicht mehr möglich. Fast jeder zweite Erwachsene in Deutschland kommt dieser WHO-Empfehlung nicht nach (Hollstein 2019). Pädagogische Fachkräfte könnten dies „nebenbei“, während ihrer Arbeitszeit tun! Es ist also doppelt sinnvoll, bewusst Bewegungsgelegenheiten nutzen: Als Modell für die Kinder und als persönliche Gesundheitserhaltung.

3.2 Entspannung im Kitaalltag

Sich zu entspannen ist ein Grundbedürfnis eines jeden Menschen. Entspannung ist das Gegenstück der Anspannung, also das Lösen von Anspannung. In der Entspannung erholt und regeneriert sich der Körper, Erlebtes wird verarbeitet, man kommt zu sich, nimmt seinen Körper und sein Befinden wahr. Entspannung muss nicht erlernt werden, denn es ist ein natürlicher Prozess. Je kleiner die Kinder sind, desto eher sind sie (noch) in der Lage, sich zu entspannen. So ist es beispielsweise nicht ungewöhnlich, wenn ein Kind im Kitaalltag einfach einschläft oder sich an die pädagogische Fachkraft kuschelt, um eine Auszeit von der Spielaktivität zu haben. Die natürliche Entspannungsfähigkeit der Kinder sollte unbedingt erhalten bleiben – für eine gesunde psychische und physische Entwicklung.

Deshalb sollten sich in der Kita Phasen der Bewegung und Phasen der Ruhe und Entspannung abwechseln. Insbesondere Kinder, die zu Hause Stress und Frust mit Essen kompensieren, profitieren davon, ihre Entspannungsfähigkeit zu erhalten und wiederzuerlangen.

Unterschiedliche Wege zur Entspannung

Es gibt unterschiedliche Wege, um in einen entspannten Zustand zu gelangen. Viele Menschen verbinden Entspannung mit Passivität und Bewegungslosigkeit, wie etwa beim Lauschen einer Traumreise, die angeleitet wird.

Für einige Kinder ist ein geeigneterer Weg eine Entspannung, die mit Bewegung einhergeht. Insbesondere, wenn sich Kinder nur schwer auf Ruhe einlassen können, wäre das die Chance, sich mit geeigneten Bewegungsimpulsen zur Ruhe kommen zu lassen. Hierzu zählen beispielsweise meditatives Tanzen oder eine kindgerechte *Progressive Muskelentspannung*, bei der im Wechsel bestimmte Körperteile angespannt und anschließend wieder entspannt werden. Der körperliche Unterschied zwischen angespannter und entspannter Muskulatur ist sehr gut wahrnehmbar. Andere Kinder wiederum mögen es gerne, sich über Berührungen zu entspannen, wie etwa durch Massagen. Bei derartigen Übungen muss den Kindern immer auch deutlich gemacht werden, dass sie

Berührungen, die sie als nicht angenehm, seltsam oder komisch wahrnehmen, durch den Zuruf „Stopp!“ (o. Ä.) beenden sollten.

Eine weitere Technik, Kinder zu einem ruhigen Zustand zu verhelfen, ist die Konzentration auf die eigene Wahrnehmung. Den Kindern werden Spiele angeboten, bei denen es darum geht, ihre Aufmerksamkeit für einen begrenzten Zeitraum auf einen Sinnesbereich zu legen, z. B. genaues Hinhören.

Eine weitere Methode ist die Atementspannung. Durch eine bewusste tiefe Bauchatmung kann das Kind in einen Entspannungszustand gelangen (Hubrig 2016, S. 19 ff.).

Entspannungsideen

Grundsätzliches zur Gestaltung von Angeboten zur Entspannung

Um einen entspannten Zustand herbeizuführen, sollte die Umgebung, in der das Entspannungsangebot stattfindet, so reizarm wie möglich sein. So sollte beispielsweise kein grelles Licht, keine lauten Geräusche vom Flur, keine optischen Ablenkungen durch buntes Spielmaterial im Raum etc. sein. Es sollte den Kindern weder zu warm noch zu kalt im Raum sein. Insgesamt sollte der Raum also Ruhe ausstrahlen und so wenig Reize wie möglich bieten. Eine schnelle Lösung ist, beispielsweise Regale mit Tüchern abzudecken.

Grundsätzlich müssen gezielte Entspannungsangebote für die Kinder freiwillig sein. Zur Entspannung kann niemand gezwungen werden, denn dann funktioniert es nicht. Kinder, die sich nicht auf Entspannung einlassen können, sollten den Raum verlassen dürfen oder – wenn das personell nicht möglich ist –, sich still ein Bilderbuch anschauen dürfen.

So wie alle anderen Angebote auch, sollten Entspannungsangebote in der Kita einen spielerischen Charakter haben.

Ideen zur bewegten Entspannung

Mattenschaukel

Alter: ab drei Jahren
Anzahl der Teilnehmer:innen: ab drei Kindern
Ort: stiller Raum
Materialien: zwei Holzreifen, eine Matte

Vorbereitung: Die Matte wird etwas eingerollt und links und rechts am Ende jeweils in einen Reifen gesteckt.

So wird es gemacht:
Ein Kind darf sich gemütlich auf die Matte legen. Links und rechts am Reifen steht jeweils ein Kind. Wenn das Kind gemütlich liegt, setzen die beiden Kinder die Matte langsam in Bewegung, sodass das Kind sanft geschaukelt wird. Dabei singen sie ein zuvor abgesprochenes Lied, beruhigend und leise. Ist das Lied vorbei, werden die Wiegebewegungen immer kleiner, bis die Matte zum Stillstand kommt. Das liegende Kind darf nun langsam aufstehen und ein anderes Kind darf auf die Matte.

Die Blume – Eine Entspannungsgeschichte zum Mitmachen

Alter: ab drei Jahren
Anzahl der Teilnehmer:innen: ab zwei Kindern
Ort: stiller Raum
Materialien: –
Vorbereitung: –

So wird es gemacht:
Die pädagogische Fachkraft erzählt folgende Geschichte und macht dazu entsprechende Bewegungen. Die Kinder können sich an ihr orientieren oder ihren eigenen Bewegungsideen dazu nachgehen.

Du bist ein Blumensamen und liegst ganz tief unten in der Erde eingegraben: *hinhocken und „klein machen"*
Die Zeit vergeht. Mal regnet es, dann scheint die Sonne. Langsam, ganz langsam wächst aus dem Samen eine Blume heran: *langsam aufrichten, Kopf heben*
Sie wird größer und größer: *Oberkörper heben und langsam aufstehen*
Und ragt immer weiter in Richtung Himmel. Sie streckt sich der Sonne entgegen: *Arme recken, Fingerspitzen strecken*
Jetzt ist die Blume schon ganz groß: *aufgerichtet stehen, auf die Zehenspitzen stellen.*
Der Wind pustet. Die Blume schaukelt sanft von einer Seite zur anderen: *langsam nach rechts und links neigen*
Die Zeit vergeht. Der Sommer ist vorbei. Es wird Herbst. Die Blume beginnt, langsam zu verwelken: *langsam wieder Richtung Boden sinken.*

Bis sie am Boden liegt. „Das war ein schöner Sommer!", denkt die verwelkte Blume. Sie liegt auf dem Boden und genießt die Herbstsonne. Sie schließt die Augen, atmet tief ein und aus und denkt an das, was sie im Sommer alles sehen konnte: *auf dem Boden liegen, tief ein und ausatmen, wer möchte, schließt die Augen.*

Ideen zu Entspannung durch Berührung

Waschtag für den gemütlichen Bären

Alter: ab drei Jahren
Teilnehmer:innenzahl: drei Kinder pro Team
Ort: Gruppenraum
Materialien: –
Vorbereitung: –

So wird es gemacht:
Jeweils drei Kinder bilden ein Team. Ein Kind darf zuerst der Bär sein. Es setzt sich gemütlich im Schneidersitz auf den Boden. Die anderen zwei Kinder sind die Tierpfleger:innen. Sie setzen sich seitlich/hinter den Bären. Die pädagogische Fachkraft erzählt folgende Geschichte und die Tierpfleger:innen führen die dazugehörigen Berührungen beim Bären aus. Der Bär sitzt, darf die Augen schließen und die Berührungen genießen.

Waschtag für den gemütlichen Bären
Der gemütliche Bär hat es sich heute wieder einmal so richtig gemütlich gemacht.
Er sitzt im Schneidersitz in seinem Bärengehege. Er ist wunderbar müde und sein Fell am Rücken ist schmutzig. Er hat den ganzen Tag mit seinem Freund im Matsch gespielt und am Ende haben sie sich auf den Rücken mitten in den Matsch gelegt, um die Wolken am Himmel zu beobachten. Zum Glück hat der gemütliche Bär zwei tolle Tierpfleger:innen, die ihn jetzt sauber machen, bevor er zum Schlafen in seine Bärenhöhle geht. Der Bär sitzt ganz entspannt. Vielleicht schließt er die Augen.

- Zuerst bürsten die Tierpfleger:innen das Fell am Rücken des Bären ab. Von oben bis ganz nach unten. Die Kinder streichen mit den Handflächen und etwas Druck den Rücken des Kindes von oben bis unten aus. Auch die Arme können ausgestrichen werden.

- Ein bisschen Dreck ist schon weg. Aber noch lange nicht alles. Nun holen die Pfleger:innen den imaginären Wassereimer, kippen ihn aus, und das Wasser rinnt dem Bären den Rücken herunter. Die Kinder fahren mit der flachen Hand und Druck von oben den Rücken des Kindes hinunter.
- Jetzt kommt das Fellshampoo. Die Pfleger:innen massieren es ins Fell ein. Oh! Das fühlt sich schön an für den gemütlichen Bären. Darf es etwas doller sein? Oder etwas sanfter? Die Kinder massieren den Rücken des Kindes entsprechend möglicher Anweisung des Kindes.
- Fertig. Das Shampoo wird wieder herausgewaschen. Also muss noch einmal Wasser über den Rücken des Bären gegossen werden. Die Kinder kippen das imaginäre Wasser aus und fahren mit den Händen von oben bis unten den Rücken hinab.
- Nun ist das Fell schön sauber, aber es ist noch ganz nass. Der Bär muss sich einmal schütteln, damit das Wasser vom Fell geschleudert wird. Das Kind schüttelt sich.
- Dann wird der Bär wieder ruhig und sitzt. Das Fell ist fast trocken. Aber es ist sehr zerzaust. Die Tierpfleger:innen nehmen einen imaginären Kamm und kämmen es glatt. Die Kinder spreizen und krümmen ihre Finger und „kämmen" den Rücken des Kindes.
- Es wird schon dunkel. Der gemütliche Bär möchte nun wirklich in seine Höhle. Er lässt den Kopf hängen und schließt seine Augen. Das Kind lässt den Kopf nach vorne fallen und darf die Augen schließen. Zum Gute-Nacht-Sagen wird er noch von den Tierpfleger:innen gestreichelt. Die Kinder streicheln sanft über den Rücken des Kindes.
- Gute Nacht, gemütlicher Bär! Die Kinder nehmen die Hände vom Rücken und das Kind spürt noch ein wenig nach.

Die Reise mit dem Zug

Alter: ab drei Jahren
Teilnehmer:innenzahl: ab drei Kindern
Ort: Gruppenraum
Materialien: –
Vorbereitung: –

So wird es gemacht:

Die Kinder sitzen in einer langen Reihe im Grätschsitz hintereinander auf dem Boden. Sie sitzen so eng zusammen, dass sie (bis auf das erste Kind der Reihe) bequem die Hände auf den Rücken des jeweiligen „Vorderkindes" legen können. Das erste Kind in der Reihe ist Lokführer:in. Es bestimmt, wohin die Reise geht, z. B. nach Italien. Der Zug fährt los. Die Kinder legen die rechte Hand auf die rechte Schulter des vorderen Kindes und die linke Hand auf die linke Schulter. Das vordere Kind und die Fachkraft geben einen Rhythmus vor, und die Kinder klopfen sanft in diesem Rhythmus auf die Schulter. Tsch-Tsch-Tsch. Tsch-Tsch-Tsch.

Der oder die Zugführer:in ruft irgendwann „Stopp!" Der Zug hält an. Er ist kaputt! Die Technik spinnt. Was müssen wir jetzt tun, damit der Zug weiterfahren kann? Ein Kind – oder die Fachkraft – gibt eine Möglichkeit vor. Alle Kinder setzen sie um, und so kann der Zug eine Zeitlang fahren – bis der Zugführer „Stopp!" ruft. Die Technik spielt verrückt. Was müssen wir nun tun, damit der Zug sich wieder in Bewegung setzt? Eine neue Art und Weise, den Rücken zu bearbeiten wird vorgegeben und die Kinder machen es mit. Dieses Prinzip wird so oft wiederholt, bis alle in Italien angekommen sind.

Möglichkeiten, wie der Zug wieder in Bewegung kommt:

- mit den Fingerspitzen an verschiedene Stellen des Rückens tippen
- mit den Handknöcheln kleine Kreise auf den Rücken malen
- mit den Handflächen leicht den gesamten Rücken abklopfen
- mit den Handflächen den Rücken warmreiben
- ...

Ist der Zug am Zielbahnhof, bleiben alle noch ein Weilchen sitzen und spüren nach. Wie fühlt sich der Rücken gerade an?

Ideen zur konzentrierten Wahrnehmung

Eistanzen

Alter: ab drei Jahren
Teilnehmer:innenzahl: ab zwei Kindern
Ort: Gruppenraum
Materialien: Musik
Vorbereitung: –

So wird es gemacht:
Die Kinder tanzen zu Musik durch den Raum. Stoppt die Musik, so verharren sie in ihrer Bewegung. Sie frieren in der Bewegung ein. In den Musikpausen sollte die Fachkraft die Wahrnehmung auf den Körper des Kindes lenken. In welchen Körperteilen spannst du jetzt deine Muskeln an? Die Musik setzt leise wieder ein, das bedeutet, dass die ersten Sonnenstrahlen hervorkommen und das Eis zu schmelzen beginnt. Die Muskelanspannung lässt nach und die Kinder bewegen sich wieder. Die Musik wird lauter und die Kinder tanzen wieder. Bis zur nächsten kurzen Eiszeit (ergo: Musikpause).

Wo ist das Radio?!

Alter: ab drei Jahren
Teilnehmer:innenzahl: ab zwei Kindern
Ort: Gruppenraum
Materialien: Smartphone
Vorbereitung: Die Fachkraft schaltet auf dem Smartphone meditative Musik an. Sie versteckt das Gerät im Gruppenraum (Alternativ kann es auch ein CD-Player sein, wobei dieser jedoch schwerer zu verstecken ist.)

So wird es gemacht:
Die Kinder kommen in den Raum. Sie müssen ganz still sein. Was hören sie? Woher kommt die Musik? Die Kinder haben die Aufgabe, ohne zu sprechen durch den Raum zu gehen und das Smartphone zu finden. Hat es jemand gefunden, nimmt er es und informiert durch Gesten die anderen Kinder. Sie bringen das Smartphone zur Fachkraft.

Ideen zur Atementspannung

Der laute, gefährliche Löwe

Alter: ab drei Jahren
Teilnehmer:innenzahl: ab zwei Kindern
Ort: Gruppenraum
Materialien: –
Vorbereitung: –

So wird es gemacht:
Die Kinder knien sich auf den Boden. Die Hände liegen auf den Oberschenkeln. Die Fachkraft erläutert, dass die Kinder Löwen sind – Löwen, die sehr laut brüllen können. Sie atmen zusammen ganz tief ein, sodass sich der Bauch und der Brustkorb etwas nach Außen wölben. Und wenn Bauch und Brust voller Luft sind, brüllen die Löwen beim Ausatmen laut – bis die ganze Luft herausgebrüllt ist.

Gegen Verspannungen im Kieferbereich tut es gut, beim Brüllen den Mund weit aufzumachen und die Zunge herauszustrecken.

Mit dem Fahrstuhl rauf und runter

Alter: ab drei Jahren
Teilnehmer:innenzahl: ab einem Kind
Ort: ruhiger Raum
Materialien: Matte, Kuscheltier
Vorbereitung: –

So wird es gemacht:
Jedes Kind sucht sich ein Kuscheltier aus und legt sich mit dem Rücken auf eine Matte.
Die pädagogische Fachkraft leitet an:

- Das Kuscheltier will Fahrstuhl fahren. Einsteigen bitte und gemütlich machen. *Das Kuscheltier wird auch den Bauch gelegt.*
- Das Kuscheltier drückt den Knopf zur obersten Etage. Atme nun tief durch deine Nase ein. Nehme wahr, wie die Luft bis in den Bauch hinunter strömt und sich der Bauch so nach außen wölbt. Dein Kuscheltier liegt oben drauf und fährt hoch.
- Ganz oben angekommen, möchte es wieder runter. Puste die Luft aus deinem Bauch durch den Mund wieder aus. Ganz langsam, sodass der Fahrstuhl auch langsam nach unten fährt. Nicht, dass sich dein Tier erschreckt!
- Das Tier findet Fahrstuhlfahren gut. Lass dein Tier wieder hochfahren, indem du tief durch die Nase einatmest.
- Und wieder herunterfahren, indem du die Luft durch den Mund wieder ausatmest.

- Vielleicht kommt dein Tier immer höher, wenn der Fahrstuhl oben ist und noch tiefer wenn er unten ist. Atme ruhig und gleich und aus, sodass dein Tier sich hoch und herunter bewegt.

Ein Ort zur Entspannung ...

Alter: ab drei Jahren
Teilnehmer:innenzahl: ab zwei Kindern
Ort: Sitzkreis
Materialien: –
Vorbereitung: –

So wird es gemacht:
Die pädagogische Fachkraft erläutert, dass es immer mal wieder Situationen gibt, in dem man ein großes Bedürfnis nach Ruhe hat. Um das zu verdeutlichen, gibt sie einige Beispiele, wie etwa:

- „Wenn alle Kinder in der Kita ganz lange laut sind und herumtoben, dann ist mir oft nach Ruhe."
- „Wenn ich ganz müde bin und noch nicht einmal Lust zum Spielen habe, dann brauche ich Ruhe."
- „Wenn ich mich krank fühle und sogar Fieber habe, brauche ich Ruhe..."
- „Wenn ich ganz viel draußen getobt habe, danach brauche ich ein bisschen Ruhe."
- ...

Kennen die Kinder auch solche Situationen? Die Kinder können ihre eigenen Ideen und Einfälle äußern. Anschließend ermutigt die pädagogische Fachkraft die Kinder, zu berichten, wie sie am besten zur Ruhe kommen können.

Beispiele:
- ein Bilderbuch vorgelesen bekommen
- auf dem Kuschelteppich im Wohnzimmer bei der Katze liegen
- in der Hängematte liegen
- ...

Überleitung:

Eine Entspannungshöhle im Gruppenraum bauen
Alter: ab drei Jahren
Teilnehmer:innenzahl: ab zwei Kindern
Ort: Gruppenraum
Materialien: Schaumstoffelemente (falls vorhanden), Stühle/Tische, Tücher, Matten, Decken, Wäscheklammer, Kissen, Lichterkette, ...
Vorbereitung: –

So wird es gemacht:
Die Kinder versammeln sich und planen eine gemütliche Höhle für den Gruppenraum, in der sie sich zurückziehen und entspannen können. Sie inspizieren dafür die bereitgestellten Materialien. Sie können diese Materialien nutzen oder nach weiteren Dingen fragen, die sie zum Bauen benötigen (z. B. Bilderbücher, Hörspiele und einen CD-Player). Anschließend bauen sie die Höhle gemeinsam auf. Daraus ergeben sich einige Fragen:

- Hat die Höhle einen Namen?
- Welche Regeln sollten darin unbedingt eingehalten werden, damit Kinder sich in ihr entspannen können?

Beispiele für Regeln: Es dürfen nur zwei Kinder gleichzeitig in der Höhle sein. Hausschuhe sollen vor der Höhle abgestellt werden.

Literaturtipp

- Hubrig, Silke (2016): Aktive Entspannungsideen für 3- bis 6-jährige. Spiele, Massagen, Konzentrationsübungen und Fantasiegeschichten zum Mitmachen. Berlin: Cornelsen.

3.3 Gesundes Essen und Trinken in der Kita

Durch Essen und Trinken nehmen Menschen die Nährstoffe und Energie auf, die zum Leben benötigt werden. Ein übergewichtiges Kind nimmt mehr Energie durch Essen oder Trinken auf, als es in Aktivität umsetzt. Es wäre zu einfach, dem Kind zu sagen, dass es einfach weniger energiereiche Nahrung zu sich nehmen soll, um das Problem des Übergewichtes zu lösen. Essen ist mehr als die physiologische Ernährung. Es geht beim Essen nicht nur um das rein physiologische Stillen von Hunger und Durst, den Körper mit Nährstoffen und Energie zu versorgen. Auch die kulturelle (z. B. religiöse Besonderheiten beim Essen) und die soziale Ebene (Essen ist gemeinschaftsstiftend.) spielen eine bedeutsame Rolle bei der Nahrungsaufnahme. Daneben hat das Essen auch einen erheblichen psychologischen Aspekt, denn mit Essen und Trinken sind immer Gefühle verbunden. Kinder freuen sich sehr, wenn es ihr Lieblingsessen gibt, sie lieben den Schokopudding, den es „nur bei Oma" gibt. Sie mögen den Tee nicht, den sie während Aufenthalten im Schullandheim zu trinken bekommen haben. Redensarten wie „Liebe geht durch den Magen!" oder „Ich finde das zum Kotzen!" verdeutlichen den Zusammenhang von Gefühlen und Essen.

Kindern ist es egal, ob sie etwas Gesundes oder Ungesundes essen. Sie essen, was ihnen schmeckt. Was ihnen nicht schmeckt, essen sie nicht. In der Regel wissen die Kinder, dass zu viel Gummibärchen nicht gut sind und dass das Gemüse beim Mittagstisch gesund ist. Das rein kognitive Wissen bringt sie jedoch nicht dazu, Süßes einzuschränken und bevorzugt Gemüse zu essen. Bei ihnen gilt das Kriterium „lecker" oder „nicht lecker". An diesem Kriterium setzt eine sinnvolle Ernährungsbildung in der Kita an. Die Kinder benötigen positive erlebnisorientierte, sinnliche Erfahrungen mit gesunder Ernährungsweise und keine mahnenden Worte und Erläuterungen. Es sollte keine Rede von gesunder und ungesunder Ernährung oder schlechten und guten Lebensmitteln sein. Alle Lebensmittel sind gut, man sollte lediglich von der einen Sorte mehr essen und von der anderen weniger. An dieser Stelle hilft die Ernährungspyramide.

Die Ernährungspyramide

Die Ernährungspyramide wurde von der Bundeszentrale für Ernährung entwickelt. Sie gibt eine Orientierung darüber, wie die Lebensmittel, die man täglich zu sich nimmt, ausgewählt sein sollten, damit der Körper letztendlich optimal mit allen notwendigen Nährstoffen versorgt wird. Die Pyramide ist so aufgebaut, dass die Lebensmittel in Gruppen eingeteilt sind und auf sechs Ebenen in Form einer Pyramide dargestellt werden. Ganz unten sind die Lebensmittelgruppen, die am meisten verzehrt werden sollen und ganz oben die, die weniger oft gegessen werden sollen. Um zu konkretisieren, was „viel" und was „wenig" bedeutet, verdeutlichen die Kästchen in der Pyramide die Mengenangabe. Ein Kästchen ist eine Portion. Und eine Portion bedeutet eine Handvoll.

Die Portionen wachsen also entsprechend des Kindes mit (denn die Hand wird auch größer). Die Farben der Pyramide sind die des allgemein bekannten Ampelsystems. *Grün* meint, dass diese Lebensmittelgruppen oft gegessen werden sollten, *gelb* bedeutet nur in Maßen und *rote* Lebensmittelgruppen sollten nur selten gegessen werden. Aber: Alles darf gegessen werden, mit einer bewussten Auswahl der Lebensmittel. Wer sich an die empfohlenen Farb- und Portionsangaben der Pyramide hält, ist optimal mit Nährstoffen versorgt (Groeneveld/Müller 2022). Vorschulkinder verstehen die Pyramide, sofern diese kindgerecht erklärt wird. Es ist hilfreich, die Pyramide als großes Plakat im Gruppenraum aufzuhängen, um im Alltag immer wieder darauf Bezug nehmen zu können. Vordrucke finden sich beispielsweise im Internet; man kann die Ernährungspyramide aber auch rasch selbst (ab)malen.

Lebensmittelsuche

Alter: ab drei Jahren
Teilnehmer:innenzahl: ab zwei Kindern
Ort: am Tisch
Materialien: Werbeprospekte mit Lebensmitteln, ausrangierte Kochbücher/Zeitschriften mit vielen Bildern, Scheren
Vorbereitung: –

So wird es gemacht:
Die Kinder sitzen am Tisch. Sie haben die Aufgabe, Abbildungen von Lebensmittel aus den Prospekten und Büchern/Zeitschriften auszuschneiden. Hier kann die pädagogische Fachkraft mit den Kindern ins Gespräch über Lebensmittel kommen:

- „Ich liebe Bockwürstchen!"
- „Bei meiner Tante muss ich immer dieses Gemüse essen! Iiih!"
- „Das ist Rosenkohl. Den mag ich auch nicht."
- „Mein Bruder mag keine Gummibärchen. Ich mag Gummibärchen."
- „Gurke ist mein Lieblingsobst." „Gurke ist doch ein Gemüse." „Ach so."

Die Bilder werden anschließend gemeinsam betrachtet und darüber gesprochen: „Was magst du gerne?" „Was magst du nicht so gerne essen?"

Wir lernen die Ernährungspyramide kennen

Alter: ab drei Jahren
Teilnehmer:innenzahl: ab zwei Kindern
Ort: Gruppenraum
Materialien: Ernährungspyramide als Plakat, Klebeband, Bilder von Lebensmitteln (aus dem vorherigen Bildungsangebot) und ggf. ergänzt von der Fachkraft, sodass jede Lebensmittelgruppe repräsentiert wird.
Vorbereitung: Das Plakat der Ernährungspyramide wird an die Wand gehängt.

So wird es gemacht:
Die Kinder versammeln sich vor dem Plakat. Die pädagogische Fachkraft legt die Lebensmittelbilder verdeckt davor. Nacheinander darf nun jedes Kind eine Karte aufdecken und mit Klebeband an der entsprechenden Stelle auf dem Plakat festkleben. Gemeinsam wird die Wahl überprüft. Die Fachkraft korrigiert eventuelle Fehler.

Obacht! Was stimmt hier nicht?

Alter: ab drei Jahren
Teilnehmer:innenzahl: ab zwei Kindern
Materialien: Ernährungspyramide als Plakat aus dem vorherigen Bildungsangebot, Klebeband, Bilder von weiteren Lebensmitteln oder Gegenständen
Vorbereitung: Die pädagogische Fachkraft baut ein bis zwei Fehler in die Ernährungspyramide ein.

So wird es gemacht:
Die Fachkraft animiert die Kinder, sich die Ernährungspyramide genau anzuschauen. Da stimmt doch etwas nicht! Die Mettwurst klebt beim Gemüse?! Und was soll das Bild einer Zahnpasta bei den Süßigkeiten?! Was stimmt nicht – und warum? Die Kinder korrigieren die Fehler. Mal sehen, ob morgen noch alles richtig ist …

Trinken

Der wichtigste Gesichtspunkt im Hinblick auf die Ernährung ist ausreichend Flüssigkeit. Der Körper des Menschen besteht zur Hälfte aus Wasser. Beispielsweise ist es notwendig, damit Mineralien durch den Körper transportiert werden können (Floto-Stammen 2009, S. 40). Vorschulkinder sollten drei Viertel bis einen Liter Flüssigkeit pro Tag zu sich nehmen. Wenn die Kinder viel Schwitzen, beispielsweise nach viel Bewegung oder an einem heißen Tag, kann es auch mehr sein.

Manche Eltern machen den Fehler und geben ihren Kindern Getränke, die viel Zucker enthalten, wie etwa Limo, Fruchtsaft oder mit Zucker gesüßter Tee. Diese zählen tatsächlich nicht zur Kategorie „Trinken“, sondern sind aufgrund ihres hohen Energiegehaltes als Mahlzeit einzuordnen. Fruchtsäfte zählen zur Kategorie „Obst“, und Limonade ist eine Süßigkeit.

Getränke sollten zuckerfrei sein. Am besten sind Wasser und ungesüßte Tees. Kinder, die sehr süße Getränke gewohnt sind, finden Wasser oder ungesüßte Tees langweilig. Aufgrund dessen ist es sinnvoll, gesundes Trinken attraktiv zu machen.

Gesunde Limonade

Alter: ab drei Jahren
Teilnehmer:innenzahl: ab zwei Kindern
Ort: am Tisch
Materialien: Obst (z. B. Erdbeeren, Zitrone, Orange, Himbeeren, Kiwis, Äpfel, Weintrauben, ...), Gewürze (z. B. Minze, Fenchel), Wasser, Karaffen, Gläser, Schneidebrett, Schneidemesser, Trinkhalme
Vorbereitung: –

So wird es gemacht:
Die Kinder waschen das Obst. Sie schälen, ggf. entkernen und zerschneiden es anschließend in dünne Scheiben und zerkleinern die Gewürze. Danach füllen sie Wasser in Gläser. Nun haben die Kinder die Möglichkeit, Getränke mit verschiedenen Geschmacksrichtungen zu kreieren. Dafür können sie Obst und/oder Gewürze in die Gläser geben. Zum Abschmecken bekommt jedes Kind einen Trinkhalm. So kann es auch bei den anderen Kindern kosten. Welches Getränk schmeckt den Kindern besonders gut? Welche Getränke sollten in größeren Mengen hergestellt – und den anderen Kindern angeboten – werden?

Erweiterung:
Die Limos, die sich bei den Kindern als sehr gut schmeckend bewährt haben, werden in einem „Kochbuch" festgehalten. Dieses kann kopiert und geheftet werden, sodass jedes Kind ein Getränkebuch mit nach Hause nehmen kann. Vielleicht haben die Eltern Zeit und Lust, die zuckerfreien Getränke den Kindern auch zu Hause anzubieten (Hubrig 2021b, S. 33).

Obst- und Gemüsesnacks anbieten

Kinder sollten täglich fünf Portionen (eine Handvoll) Gemüse und Obst verzehren, damit ihre Körper gut mit Nährstoffen versorgt sind. Da dies nicht in allen Familien gelingt, ist es hilfreich, wenn die Erzieher:innen in der Kita Obst- und Gemüsesnacks in ansprechender Form, sodass sie für die Kinder interessant werden, als Snack für „Zwischendurch" anbieten. Steht ein derartiges Angebot offen zur Verfügung, können die Kinder je nach Lust und Appetit Obst und Gemüse naschen. Dabei sollten die Kinder jedoch nicht essend herumlaufen oder weiterspielen, sondern den Snack als Spielpause nutzen.

Die Snacks können gemeinsam mit Kindern zu Beginn des Kitatages vorbereitet werden. Dabei sind die Hygienemaßnahmen zu beachten!

Obst und Gemüse für Zwischendurch anbieten

Es ist möglich, den Kindern mundgerechtes Gemüse und Obst anzubieten. So können die Kinder in Spielpausen etwas essen. Das Essen sollte auf einem Tisch stehen, zu dem einige Stühle gehören, denn die Kinder sollen sich zum Essen hinsetzen. So passiert es nicht, dass das Essen in der Bauecke oder im Puppenbett landet.

Beispiele

Bunte Spieße

So wird es gemacht:
Das Gemüse/Obst wird in mundgerechte Häppchen geschnitten und separat in kleine Schüsseln gelegt. Daneben liegen stumpfe Holzspieße. Die Kinder kön-

nen sich damit genau das Obst/Gemüse aufspießen, das sie gerade haben möchten. Sie können sich auch einen bunten Spieß mit vielen Happen auf einmal zusammenstellen. Nach dem Essen wird der Spieß entsorgt.

Gemüse-/Obst-Muster

So wird es gemacht:
Das Gemüse und/oder Obst wird kleingeschnitten und nach Farben auf Tellern angerichtet. Möglich ist es auch, farbige Muster zu legen, ebenso beispielsweise Tiere (z. B. eine Gemüseschlange) oder Fahrzeuge (eine Obsteisenbahn).

Süßes sollte nicht verboten werden

Laut Ernährungspyramide sollte ein Kind nicht mehr als eine Portion (also eine Handvoll) Süßigkeiten pro Tag essen. Zucker liefert Energie. Rein physiologisch betrachtet, braucht ein Mensch gar keinen Zucker aus Süßigkeiten, denn der Körper kann selbst aus anderen Quellen Glucose (Zucker) herstellen.

Dennoch wachsen die Kinder in einer Welt auf, in der sie umgeben sind von wohlschmeckenden Süßigkeiten. Kinder hören von klein auf, dass zu viel Zucker dick macht und nicht gesund ist – das beeindruckt sie jedoch nur wenig. Zu den Süßigkeiten zählen nicht nur Schokolade, Kuchen oder Gummibärchen, sondern auch salzige Snacks, wie etwa Kartoffelchips oder Erdnussflips. Aufgrund eines hohen Zuckergehalts zählen auch süße Brotaufstriche, industriell hergestellte Puddings, Joghurts oder Limonaden zur Kategorie „Süßigkeiten“ (Verbraucherzentrale, Süßigkeiten und Snacks).

Süßigkeiten mit Zuckeraustauschstoffen (Süßstoffen) sind keine Alternative zum Zucker, denn Kinder gewöhnen sich durch sie an eine extreme Süße und mögen dann nicht oder leicht gesüßte Speisen nicht mehr gerne. Zudem wird dem Körper eine Süße vorgegaukelt, die letztendlich unbefriedigend ist und noch mehr Lust auf Süßes macht. Auch Lebensmittel, die mit Honig oder Sirup gesüßt werden, sind keine wirkliche Option zum Zucker. Die in ihnen enthaltenen gesunden Nährstoffe sind zu gering, als dass die Kinder etwas davon haben.

Wassereis selber machen

Alter: ab drei Jahren
Teilnehmer:innenzahl: ab zwei Kindern
Ort: am Tisch
Materialien: Wasser, Zahnstocher, Fruchtsaft (z. B. Orangensaft oder Apfelsaft), Zahnstocher, Gefrierschrank
Vorbereitung: –

So wird es gemacht:
Die Kinder füllen Fruchtsaft in die Eiswürfelbehälter. Sie legen einen Zahnstocher mit hinein, der aus dem Behälter hinausschaut. Dann werden die gefüllten Eiswürfelbehälter solange ins Gefrierfach gelegt, bis sie gefroren sind. Die gefrorenen Fruchtsaftwürfel werden anschließend aus dem Behälter herausgenommen – fertig ist das Wassereis.

Wir backen süße Apfel-Haferflocken-Bällchen

Alter: ab fünf Jahren
Teilnehmer*innenzahl: ein bis drei Kinder
Ort: Küche
Materialien/Zutaten: 1,5 süße, große Äpfel, 160 g feine Haferflocken, 40 g gehackte Mandeln, Schälmesser, Rührschüssel, Küchenreibe, Küchenmaschine, Backpapier, Backblech, Backofen
Vorbereitung: –

So wird es gemacht:
Mithilfe der pädagogischen Fachkraft schälen die Kinder die Äpfel und entfernen das Kerngehäuse. Mit der Reibe werden die Äpfel klein gerieben. Die Haferflocken werden abgemessen und in die Küchenmaschine gegeben, welche sie feinhackt. Die Haferflocken werden dann mit den abgemessenen Mandeln unter den geriebenen Apfel gemischt. Mit dem Handrührgerät vermengen die Kinder diese Zutaten zu einer Masse.

Der Backofen wird auf 150 Grad vorgeheizt. Die Kinder formen aus der eben erstellten Masse kleine Bällchen und legen sie auf ein, mit Backpapier belegtes Backblech. Dieses schieben sie 60 Minuten in den Ofen. Zwischendurch werden die Bällchen immer mal wieder gewendet.

Zuckerfreie Pfannkuchen

Alter: ab vier Jahren
Teilnehmer*innenzahl: ein bis drei Kinder
Ort: Küche
Zutaten: 250 g Vollkornmehl, 300ml Milch, 10 g Butter, ein Ei, eine Banane, Gabel, Rührschüssel, Handrührgerät, Kelle, Pfanne, Backofen
Vorbereitung: –

So wird es gemacht:
Die Banane wird geschält und mit einer Gabel in der Rührschüssel klein gedrückt. Anschließend werden alle anderen Zutaten in die Schüssel gegeben und mit dem Handrührgerät vermischt. Nun wird der Teig gebacken: Eine Kelle voll Teig wird in die eingefettete Pfanne gegeben. Nach einiger Zeit wendet die Fachkraft den Pfannkuchen, sodass er von beiden Seiten goldbraun wird.
Die fertigen Pfannkuchen können warm oder auch kalt gegessen werden. Manche Kinder machen sich gerne etwas Obstmus darauf und rollen den Pfannkuchen zusammen.

Apfelringe

Alter: ab vier Jahren
Teilnehmer*innenzahl: ein bis drei Kinder
Ort: Küche
Materialien/Zutaten: Äpfel, Apfelausstecher, Messer (oder manuelles Gerät zum Apfelringe schneiden) Zitronensaft, Wasser, Suppenschüssel, Küchenpapier, Backofen, Backblech, Backpapier, Gläser mit Verschluss
Besonderes: Diese Aktion dauert einige Stunden, weil die Apfelringe lange trocknen müssen. Es bietet sich an, die Apfelringe gleich morgens zu machen – damit sie zum Ende des Kitatages fertig sind. Allerdings halten sich die Apfelringe monatelang und müssen nicht direkt verzehrt werden.

So wird es gemacht:
Die Äpfel werden gewaschen und abgetrocknet. Entweder werden sie danach mit einem Apfelausstecher entkernt und einem Messer in dünne Scheiben geschnitten – oder der Apfel wird in den Apfelschneider gelegt und die Kinder drehen, sodass der Apfel in dünne Scheiben geschnitten wird. Eine Mischung aus etwas Wasser und Zitronensaft wird in die Suppenschüssel gegeben und

Küchentücher daneben ausgebreitet. Die Kinder nehmen die Apfelscheiben, wenden sie in der Flüssigkeit und legen sie zum Abtropfen auf das Küchentuch. Das Backpapier wird auf das Backblech gelegt. Nun legen die Kinder die Apfelscheiben vom Küchentuch auf das Backblech. Das Blech wird in den Ofen geschoben und dieser auf 80 Grad gestellt. Der Ofen sollte nicht ganz zugemacht werden, hier könnte beispielsweise ein Kochlöffel so zwischen Tür und Ofen gelegt werden, dass ein kleiner Spalt entsteht. Nun werden die Apfelringe über fünf bis sechs Stunden getrocknet.

Die fertigen Apfelringe müssen gut verpackt werden, wie etwa in Gläsern mit Schraubverschluss. Dann können die Kinder monatelang immer einmal wieder leckere Apfelringe naschen.

Lebensmittelallergien oder Unverträglichkeiten können lebensgefährlich sein

Bei allem, was mit Essen und Trinken in der Kita zu tun hat, müssen pädagogische Fachkräfte zwingend auf mögliche Nahrungsmittelunverträglichkeiten bzw. auf Allergien der Kinder Rücksicht nehmen. In einem Gespräch mit den Eltern kann geklärt werden, was zu tun ist, falls die Kinder doch einmal ein Lebensmittel zu sich genommen haben, das sie nicht vertragen.

Dazu sollten schriftliche Unterlagen sowie mögliche Notfallmedizin so aufbewahrt werden, dass sie Fachkräfte bei Bedarf schnellstmöglich zur Hand haben.

Hunger und Sättigung (wieder) wahrnehmen

Menschen haben grundsätzlich von Geburt an die Fähigkeit, Hunger und Sättigung wahrzunehmen und zu regulieren. Manche Kinder, die mehr essen als sie brauchen, haben „verlernt", diese Signale des Körpers wahrzunehmen oder ihnen entsprechend nachzukommen. Pädagogische Fachkräfte sollten die Wahrnehmung der Kinder immer mal wieder auf ihre Körpersignale lenken. Kinder können ihren Wahrnehmungen vertrauen und sollten darauf reagieren. Wenn man satt ist, kann man mit dem Essen aufhören. Viele Kinder erleben ein Essen nach Plan und verlernen damit, ihrem natürlichen Hunger- und Sättigungsgefühl vertrauen zu können.

Essen ist kein Erziehungsmittel

Essen wird von vielen Eltern als Erziehungsmittel eingesetzt. Maßnahmen wie „Ohne Abendessen ins Bett!“ oder „Wenn du nicht aufisst, kriegst du keinen Nachtisch!“ zeigen, dass Essen als Strafe eingesetzt werden kann. Süßigkeiten werden oft auch als Belohnung oder zur Motivation eingesetzt. „Wenn wir die ganze Strecke gelaufen sind, bekommst du ein Eis!“ Essen soll kein Erziehungsmittel sein. Essen ist sinnliche Lust und Ernährung. Die Kinder sollen ihr natürliches Hungergefühl und Sättigungsgefühl wahrnehmen und dem nachgehen können – und sich das nicht durch Erziehungsmaßnahmen abtrainieren lassen.

Der „Probierhappen“ ist tabu

Kinder dürfen nicht zum Essen gezwungen werden, auch nicht zum Probieren einer ihnen, bis dahin unbekannten, Speise. Selbstverständlich sollten Kinder motiviert werden, etwas Unvertrautes kennenzulernen, aber über eine aufmunternde Motivation sollte es nicht hinausgehen. Kinder sind von Natur aus neugierig genug und würden etwas Neues probieren, wenn es ihnen zusagt. Es sollte bei einem Essensangebot in der Kita bleiben, wobei jedes Kind selbst bestimmt, wie viel es von welchem Nahrungsmittel zu sich nimmt. Ein Zwang zum Essen ist psychische Gewalt. Nahrungsaufnahme ist etwas sehr Persönliches und Intimes und sollte vom Individuum selbst entschieden werden. (Eine Ausnahme sind ärztlich verordnete Medikamente.) Wahrscheinlich kennt jede Fachkraft aus ihrer eigenen Biografie die Situation, etwas „aus Anstand“ zu probieren oder gar aufzuessen, was ihr gar nicht schmeckte – und weiß, wie unwohl man sich dabei fühlt, dass diese Situation mit negativen Gefühlen besetzt ist und man möglicherweise nie wieder zu einem Lebensmittel dieser Art gegriffen hat.

Impulse zur Selbstreflexion

- Mit welchen Regeln am Essenstisch sind Sie aufgewachsen?
- Wie stehen Sie heute zu diesen Regeln? Warum?
- In welchen Situationen ihrer eigenen Kindheit haben Sie Essen als Erziehungsmittel erlebt?
- In welchen Situationen setzen Sie Essen selber als Erziehungsmittel in der Kita ein? Entwickeln Sie Alternativen.

Frühstücken in der Kita

In jeder Kita wird gefrühstückt. Das bietet die Chance, Kinder an gesundes Essen heranzuführen, unabhängig davon, welche Erfahrungen sie von zu Hause mitbringen. Manche Kinder bringen Schokoriegel oder Chips als Frühstück mit in die Kita. Hier kann die pädagogische Fachkraft eingreifen und auf die Gruppenregel verweisen: „Keine Süßigkeiten in der Brotdose!" Selbstverständlich gilt diese Regel für die Eltern, die die Brotdose füllen. Den Kindern darf kein Vorwurf gemacht werden. Dennoch kennen sie diese Regel und akzeptieren, wenn die Süßigkeit weggenommen wird und das Kind eine (leckere) Alternative zum Frühstück bekommt. Die Süßigkeit bekommt es am Ende des Kitatages wieder mit nach Hause. Möglich ist es auch, dass sie mit den anderen am Ende des Tages geteilt wird. Das sollte jedoch das Kind entscheiden.

Es gibt Eltern, die es nicht schaffen, ihrem Kind ein gesundes Frühstück mitzugeben. Das ist mit Sicherheit nicht böse gemeint, sondern oftmals als Zeichen der Zuneigung gedacht. Sie möchten dem Kind eine Freude machen! Insbesondere, wenn das Geld knapp ist und Eltern ihrem Kind keine oder nur wenig Wünsche erfüllen können, sind Süßigkeiten in der Brotdose eine kostengünstige Freude. Vorwürfe sind somit fehl am Platz. Jedoch sollte ein sinnvoller Umgang damit gefunden werden. Kinder sollten in der Kita ein gesundes Frühstück kennenlernen. In machen Gruppen ist es lohnenswert, dass die Kinder ein Büfett angeboten bekommen und nichts von zu Hause mitbringen. Hier haben sie eine gesunde Auswahl an Lebensmitteln und lernen ggf. neue Speisen kennen. Möglich ist es auch, dass jedes Kind etwas mitbringt und es in Büfettform aufgebaut wird. Aus diesem Zweck wird alles in Häppchen geschnitten und geteilt.

In vielen Kitas wurde eine offene Frühstückszeit eingefüht. Die Kinder können im Rahmen einer bestimmten Zeit selbst entscheiden, wann sie frühstücken möchten. Dabei gehen sie entweder zu den Frühstückstischen im Gruppenraum oder in das Kinderrestaurant. Für Kinder, die sich „von Haus aus" gut ernähren, ist das eine sinnvolles Frühstücksangebot, denn sie werden nicht aus ihren Tätigkeiten gerissen und können selbst entscheiden, wann, wie lange und mit wem sie frühstücken. Dieses Angebot muss pädagogisch begleitet werden, d.h. eine Fachkraft ist für die gesamte Frühstückszeit für die Begleitung des Frühstücks anwesend. Sie hilft den Kindern bei Bedarf und sie registriert, was die Kinder dabeihaben und essen. So kann sie bei ungesundem Frühstück Alternativen anbieten.

Der Nachteil am offenen Frühstück ist, dass es hektisch zugehen kann, da viele Kinder „mal schnell etwas essen" und dann gleich wieder in den Bauraum laufen, um ihr Spiel fortzusetzen. In vielen Familien fehlen gemeinsame Mahlzeiten – entweder, weil sie organisatorisch nicht möglich sind oder, weil Eltern sich erschöpft fühlen und es leichter ist, wenn das Kind zuerst Abendbrot isst und die Eltern in Ruhe essen, wenn das Kind bereits im Bett ist. Dabei hat gemeinsames Essen etwas Verbindendes: Die Kinder kommen ins Gespräch. Oftmals probieren sie auch Speisen, die sie alleine nicht versuchen würden und tauschen sich darüber aus: „Das ist so lecker. Das macht Papa auch immer. Mein Lieblingsessen!" Und schon will der Freund wissen, was der Papa immer macht und wie das schmeckt. Allerdings ist dieses Bild von einer Kindergartengruppe, die gemeinsam in Ruhe und in Zimmerlautstärke Tischgespräche führt und das Essen wertschätzend genießt, sehr theoretisch. In der Praxis sind es oft die gemeinsamen Mahlzeiten, die für pädagogische Fachkräfte eine Herausforderung darstellen. So ist es oft laut und stressig für die Fachkräfte – und ebenso für manche Kinder. Hilfreich für eine gute Frühstücksatmosphäre sind einige Tischregeln, wie etwa der gemeinsame Anfang, wenn jedes Kind etwas auf dem Teller hat und der gemeinsame Tischspruch gesagt wurde.

Ob gemeinsames oder individuelle Frühstücken: Eine pädagogische Begleitung ist essenziell. Beide Formen haben Vor- und Nachteile für Kinder und Fachkräfte, deshalb ist eine Mischung im Laufe der Woche gut. In vielen Kitas gibt es an einem oder zwei bestimmten Tagen ein gemeinsames Frühstück und an den anderen eine individuelle Frühstückszeit. Je weniger die Kinder zu Hause gut ernährt werden, desto wichtiger ist es, dass sie in der Kita gesundes Frühstück und gesundes Frühstücksverhalten kennenlernen.

Kinder aus von Armut bedrohten Familien: Ein gesundes Frühstück in der Kita anbieten!

Übergewicht ist häufig ein Thema bei Kindern, die in finanziell eingeschränkten Verhältnissen aufwachsen. Etwa 25 Prozent der übergewichtigen Kinder kommen aus Familien, die über wenig Geld verfügen, während es in wohlhabenden Familien circa 14 Prozent sind (Wolf 2023). Selbstverständlich macht das Fehlen von Geld nicht per se übergewichtig. Gesunde und ausgewogene Ernährung ist jedoch teurer als der Kauf billiger Produkte. Je preisgünstiger die Lebensmittelprodukte, desto weniger Nährstoffe und desto mehr Kalorien haben sie. Eltern kann man es bei genauerer Betrachtung ihrer Lebenssituation kaum verdenken, wenn sie ihrem Kind wesentlich günstigere Frischeiwaffeln oder einen Schokoriegel mit in die Kita geben, als ein teureres Vollkornbrot mit Käse und Gemüsesnacks dazu. Eltern, die ihren Kindern aufgrund finanzieller

Engpässe manche Wünsche verwehren müssen, können ihnen möglicherweise mit einem Schokoriegel als Frühstück eine vermeintliche Freude bereiten. Zudem haben Eltern, die mit finanzieller Armut zu kämpfen haben, oftmals noch gravierendere Sorgen als das Frühstücksbrot der Kinder.

Insofern ist ein gesundes Frühstücksangebot in der Kita essenziell. Dabei müssen die Kinder die Lebensmittel nicht selbst mitbringen, sondern die Küchenfachkräfte der Kita bereiten das Frühstück vor. Wenn dies ein organisatorisches Problem ist, kann auch eine pädagogische Fachkraft mit ein oder zwei Kindern morgens das Frühstück für alle vorbereiten.

Emotionales Essen und Übergewicht

Essen ist mehr als die bloße Aufnahme von Nährstoffen bei Hunger. So hat Essen auch immer eine psychologische Dimension. Redensarten, wie „Du bist eine beleidigte Leberwurst!", „Liebe geht durch den Magen." „Das ist ja wirklich zum Kotzen!" verdeutlichen die Verbindung von Essen und Gefühlen. Und jeder Mensch hierzulande kennt die Frustschokolade und das Trostbonbon. Diese werden nicht aus Hunger gegessen, sondern aufgrund einer Emotion – etwa einer Enttäuschung oder Trauer. Dieser Umstand wird auch als „emotionales Essen" bezeichnet. Auch für Kinder kann Essen einen emotionalen Grund haben und als Ersatzbefriedigung für einen Mangel genutzt werden.

Tatsächlich kann das Essen bestimmter Lebensmittel Glücksgefühle auslösen. Ursächlich sind jedoch nicht bestimmte Stoffe in den Lebensmitteln, sondern dieser Umstand beruht auf einem Lerneffekt. Dr. Thomas Ellrott, Ernährungsmediziner und Leiter der Ernährungspsychologischen Forschungsstelle der Universität Göttingen, geht davon aus, dass der Geschmack eines Lebensmittels an eine gute Lebenssituation gekoppelt ist. Das Gefühl dieser Lebenssituation ist also wieder abrufbar, wenn das Lebensmittel später wieder gegessen wird. Dabei wird der Botenstoff Dopamin ausgeschüttet, der ein gutes Gefühl erzeugt (Bayer 2014).

Selbstverständlich spricht gar nichts dagegen, wenn ein Kind einmal gezielt sein Lieblingsessen bekommt, um positive Gefühle hervorzurufen, beispielsweise wenn es krank ist. Wenn Kinder jedoch lernen, dass das Essen von Süßigkeiten unangenehme Gefühle für einen Moment erträglicher machen, kann das zum Problem werden. Es wiederholt diese Strategie immer wieder – und wird wahrscheinlicher unglücklich, unzufrieden und nimmt deutlich an Gewicht zu. Emotionales Essen macht nicht satt, denn es wird nicht aufgrund eines echten Hungergefühls gegessen. Manchmal ist es gar nicht so leicht, emotionalen und körperlichen Hunger zu unterscheiden. Die körperlichen Signale sind nicht immer sofort von den Emotionen abzugrenzen. Es gibt allerdings zwei Indikatoren für emotionalen Hunger: Er entwickelt sich schnell und nicht allmählich wie körperlicher Hunger, bei dem der Magen irgendwann „knurrt" und man sich schlechter konzentrieren kann. Außerdem wählt man bei emotionalem Hunger die Lebensmittel aus, die man essen möchte: In der Regel sind es süße, kalorienreiche Lebensmittel, die ein schnelles Wohlbefinden versprechen (AOK Gesundheitsmagazin 2022).

Emotionales Essen ist nicht genetisch bedingt, sondern eine erlernte Reaktion. Um aus der Falle des emotionalen Essens herauszukommen, müssen demnach die sozialen und emotionalen Faktoren des problematischen Essverhaltens beleuchtet werden. Hier müssen Psychotherapeut:innen eng mit dem Kind und seiner Familie arbeiten, um den Ursachen auf dem Grund zu gehen und hilfreiche Strategien zu entwickeln. Das liegt nicht im Kompetenzbereich einer pädagogischen Fachkraft. Grundsätzlich muss bei Essstörungen immer ein Arzt oder eine Ärztin aufgesucht werden. Obwohl organische Ursachen für Essstörungen im Vorschulalter eher selten vorkommen, sollten sie ärztlich ausgeschlossen werden.

Literatur zum Thema „Essen und Trinken"

- Bone, E. (2020): Aufklappen und Entdecken. Was passiert, wenn ich esse? Regensburg: Usborne.
- Dürr, Julia (2020): Wo kommt unser Essen her? Weinheim und Basel: Beltz & Gelberg.
- Rübel, D. (2015): Wieso? Weshalb? Warum? junior, Band 53: Was essen wir? Ravensburg: Ravensburger Verlag.

Literatur zur gesunden Ernährung in der Kita

- Bartoldus, B. (2021): Mach mit! Ideen zur gesunden Ernährung in der Kita (Praxisideen für Kindergarten und Kita). Lahr: Ernst Kaufmann.
- Hubrig, S. (2021): Ernährungsbildung im Alltag. Berlin: Cornelsen.

Selbstreflexion zum Ernährungsverhalten

Kinder lernen durch Beobachtung und orientieren sich dabei an engen Bezugspersonen. Deshalb sollte eine pädagogische Fachkraft ihr eigenes Essverhalten reflektieren.

- Ernähre ich mich ausgewogen? Was finde ich gut an meiner Essensauswahl? Was würde ich gerne anders machen? Was hindert mich daran, es anders zu machen?
- Inwieweit ist Essen ein Genuss für mich? Ist das Essen in der Kita ein Genuss für mich? Falls nicht – was verhindert ihn?
- Probiere ich neugierig Lebensmittel, die ich noch nicht kenne? Falls nicht, was steht dem im Weg?
- Esse ich nach Augenmaß oder höre ich mit dem Essen auf, wenn ich satt bin?
- Vermittle ich den Kindern Ruhe und Genuss bei gemeinsamen Mahlzeiten in der Kita? Falls nein, warum nicht?

3.4 Positive Körpererfahrungen und Körperbewusstsein als Grundlage für ein gutes Körpergefühl

Insbesondere Kinder mit Übergewicht sind oftmals Hänseleien ausgesetzt. Das ist verunsichernd und erschwert es dem Kind, ein gutes Körpergefühl aufzubauen – und damit auch ein einhergehendes positives Selbstwertgefühl. Kinder, die ihren Körper als mangelhaft erleben, fühlen sich nicht wohl in ihrer Haut. In der Kita sollten Kinder Angebote erhalten, in denen sie ihren Körper positiv wahrnehmen können und ein gutes Körpergefühl entwickeln. Kinder, mit einem guten Körpergefühl, sind mit ihrem Körper zufrieden und fühlen sich wohl – unabhängig von Erscheinungsbild, Gewicht und Körperform. Um gut und bewusst mit dem eigenen Körper umgehen zu können und ihn so wertzuschätzen, wie er ist, brauchen Kinder ein positives Körperbewusstsein. Kinder, denen ihr Körper bewusst ist, können wahrnehmen, wann er ihnen signalisiert, dass er satt oder hungrig ist, ihm nach Bewegung zumute ist oder nach Entspannung. Die Kinder können diese Körpersignale wahrnehmen und entsprechend reagieren. Das Kind weiß, wie sein Körper aussieht und es kennt seine motorischen Fähigkeiten und Körperfunktionen. Im Laufe der Entwicklung erlangen Kinder dieses Körperbewusstsein. Dies geschieht insbesondere durch vielfältige Wahrnehmungs- und Bewegungserfahrungen. Nach und nach entwickeln Kinder ein Körperkonzept, d.h. ein gedankliches Bild von ihrem Körperinneren und ihrer äußeren, körperlichen Erscheinung. Das Bild, welches das Kind von seinem Körper im Laufe der Zeit aufbaut, wirkt sich wiederum auf sein Selbstkonzept aus. So denkt das übergewichtige Kind beispielsweise, dass es unsportlich ist, weil es nicht so schnell auf das Klettergerüst klettern kann wie andere oder beim Wettrennen zurückbleibt. Jemand, der

der Überzeugung ist, nicht sportlich zu sein, wird Sport in der Regel als nicht adäquat für die eigene Freizeitgestaltung empfinden und sich wenig bewegen.

Spielerische Wahrnehmungserfahrungen ermöglichen

Grundlage für positive Körpererfahrungen und den Aufbau eines Körperkonzeptes sind Wahrnehmungs- und Bewegungserfahrungen. Zu den grundlegenden Wahrnehmungsbereichen zählen die sogenannten „körpernahen Sinne“: Fühlen, Schmecken, Riechen, Lage- und Bewegungsempfindung und der Gleichgewichtssinn. Die sogenannten „körperfernen Sinne“ umfassen das Hören und Sehen. Die einzelnen Wahrnehmungsbereiche sind nur theoretisch voneinander zu trennen. Im wahren Leben arbeiten in einen Wahrnehmungsprozess stets mehrere Bereiche zusammen.

Zur gezielten Wahrnehmungsförderung in der Kita bieten sich Spiele an, in denen sich das Kind auf möglichst einen Sinn konzentriert. Die meisten Informationen bekommen wir über den Sehsinn. Bei vielen Spielen zur Wahrnehmungsförderung sollte deshalb das Sehen ausgeschaltet werden (durch eine Augenbinde oder einfach das Schließen der Augen). So werden die anderen Sinne gezielt beansprucht und damit gefördert.

Spiele zur Wahrnehmungsförderung

Sehen: Farben suchen

Alter: ab drei Jahren
Teilnehmer:innenzahl: ab drei Kindern
Ort: im Gruppenraum
Materialien: Musik
Vorbereitung: –

So wird es gemacht:
Die Kinder bewegen sich zur Musik durch den Raum. Die Fachkraft stoppt die Musik und ruft eine Farbe, z. B. „Rot!“. Schnell müssen nun alle Kinder etwas Rotes im Raum anfassen. Dies kann ein roter Punkt auf einem Bild an der Wand sein, ein roter Baustein oder die rote Hose der Fachkraft. Wenn alle Kinder etwas Rotes berühren, geht die Musik wieder an und das Spiel beginnt von vorne.

Hören: Stille Post durch den ganzen Raum

Alter: ab fünf Jahren
Teilnehmer:innenzahl: ab fünf Kindern
Ort: Gruppenraum
Materialien: Wolle
Vorbereitung: –

So wird es gemacht:
Jedes Kind sucht sich einen Platz im Raum und setzt sich hin – egal, ob auf einen Tisch, auf den Boden oder auf einen Stuhl. Mithilfe der pädagogischen Fachkraft wird ein Wollfaden von Kind zu Kind gespannt. Jedes Kind hält den Wollfaden fest. Nun müssen alle ganz still sein. Die Fachkraft geht zu dem Kind am Anfang des Fadens und flüstert ihm einen Satz ins Ohr. Nun geht das Kind – dem Faden nach – zum nächsten Kind und flüstert den Satz weiter. Der Faden wird losgelassen und das Kind setzt sich neben Kind Nr. 2. Nun geht Kind Nr. 2 zu Kind Nr. 3, um den Satz weiterzusagen und sich dort hinzusetzen etc., bis der Satz am Ende des Fadens ankommt. Das letzte Kind darf den Satz durch den ganzen Raum brüllen (jedenfalls das, was vom Satz übriggeblieben ist).

Einfache Variante: Die Kinder sitzen im Kreis und spielen klassisch „Stille Post".

Die Schnupperdose geht im Kreis herum

Alter: ab drei Jahren
Teilnehmer:innenzahl: ab fünf Kindern
Ort: im Stuhlkreis
Materialien: blickdichte, verschließbare Dosen, Dinge, die gut riechen (z. B. Vanilleschoten, Kakaopulver, Basilikumblätter)
Vorbereitung: Jedes Material wird in je eine Dose gegeben.

So wird es gemacht:
Die Kinder sitzen im Stuhlkreis. Die erste Dose wird im Kreis herumgegeben. Jedes Kind darf den Deckel abmachen und schnuppern, aber nicht sprechen. Es darf so lange nicht gesprochen werden, bis die Dose wieder am Ausgangspunkt angekommen ist. Nun können die Kinder von ihrem Dufterlebnis berichten. Woran hat euch der Geruch erinnert? Woher kennt ihr diesen Geruch? Am Ende wird der Inhalt der Dose auf eine Hand gegeben, sodass alle Kinder sehen

können, was so gerochen hat. Danach geht die nächste Schnupperdose im Kreis herum.

Schmecken: So ein Saftladen!

Alter: ab drei Jahren
Teilnehmer:innenzahl: ein bis fünf Kinder
Ort: am Tisch
Zutaten/Materialien: etwa vier unterschiedliche Obstsorten (z. B. Weintrauben, Apfel, Orange, Mango), Entsafter, pro Obstsorte eine Karaffe, pro Kind ein kleines Glas
Vorbereitung: Die Kinder können an der Vorbereitung beteiligt werden. Sie pressen mithilfe der Fachkraft Obst aus und füllen den Saft in jeweils eine Karaffe. Je ein Stück Obst der benutzten Obstsorten wird auf den Tisch gelegt.

So wird es gemacht:
Die Kinder setzen sich an den Tisch, auf dem das Obst liegt. Jedes Kind bekommt ein Glas. Die Fachkraft schenkt jedem Kind ein wenig derselben Saftsorte ein. Nun schmecken die Kinder und versuchen herauszufinden, von welchem Obst der Saft kommt. Die Kinder tauschen ihre Meinungen aus und kommen zu einem Ergebnis. Stimmt es? Anschließend wird der nächste Saft probiert und zugeordnet.

Variante: Wenn es weniger süß sein soll, dann kann dieses Spiel auch mit Gemüse und Gemüsesäften durchgeführt werden.

Fühlen: Wie viele Punkte kannst du spüren?

Alter: ab drei Jahren
Teilnehmer:innenzahl: ab zwei Kindern
Ort: ruhiger Raum
Materialien: –
Vorbereitung: –

So wird es gemacht:
Die Kinder bilden Teams. Sie setzen sich auf dem Fußboden hintereinander. Die pädagogische Fachkraft bittet die Kinder um Ruhe. Das vordere Kind schließt

die Augen und konzentriert sich auf die Wahrnehmung seines Rückens. Die Fachkraft erzählt, dass sie nun ein schönes Gemälde auf unsere „Leinwand“ malen. Sie fordert das hintere Kind auf, die Hände in imaginäre Farbe zu tauchen. Welche Farbe hast du gewählt? Nun soll das Kind mit den Handflächen die ganze Leinwand farbig malen. Die Kinder wischen mit der Handfläche über den Rücken des vorderen Kindes. Wie fühlt sich der Rücken für das vordere Kind an? Beispielsweise wird der Rücken zumeist wärmer. Nun tun die Kinder so, als würden sie sich schnell die Hände am Platz waschen. Jetzt kommen noch Punkte auf das Bild. Die Kinder tauchen den Zeigefinger in imaginäre Farbe. Welche Farbe werden die Punkte haben? Nun beginnt das eigentliche Spiel: Das Kind darf ein bis sechs Punkte auf den Rücken machen. Das vordere Kind zählt im Kopf oder ganz leise mit. Wie viele Punkte wurden gemacht? Die Kinder tauschen sich kurz aus. Nach mehreren Runden werden die Funktionen gewechselt. Das malende Kind wird zur Leinwand und umgekehrt.

Variation:
Ein Kind malt Muster auf den Rücken, und das vordere Kind genießt die kleine Massage. Das vordere Kind nimmt wahr, was sich besonders schön anfühlt und darf Wünsche äußern, die das andere Kind umsetzen kann, etwa nur ganz leicht den Rücken berühren oder große Kreise mit einem Finger machen.

Muskel- und Bewegungsempfindung: Stopptanz

Alter: ab drei Jahren
Teilnehmer:innenzahl: ab drei Kindern – ganze Gruppe
Ort: Gruppenraum/Bewegungsraum
Materialien: Musik
Vorbereitung: –

So wird es gemacht:
Die Kinder bewegen sich zu Musik durch den Raum. Wenn die pädagogische Fachkraft die Musik stoppt, verharren alle Kinder in der Bewegung. Wackeln ist strengstens verboten. Wenn die Musik wieder ertönt, bewegen sich die Kinder weiter.
Damit sich alle Kinder dauerhaft bewegen, ist es wenig sinnvoll, wenn der Stopptanz mit Ausscheiden gespielt wird. Wer wackelt, darf letztendlich dennoch weiter mitspielen. Wenn Kinder auf den Wettkampfaspekt bestehen, kann die Fachkraft eine Strichliste machen. Ein Kind, das sich während der Mu-

sikpause bewegt, bekommt einen Strich. Am Ende können die Kinder, die es möchten, die Liste einsehen.

Gleichgewicht – Dosenlaufen

Alter: ab fünf Jahren
Teilnehmer:innenzahl: ein bis zwei Kinder
Ort: am Tisch
Materialien: pro Kind: zwei leere, saubere Dosen, zweimal zwei Meter lange Wäscheleine, Kreppband, Schere, Milchdosenöffner
Vorbereitung (pädagogische Fachkraft mit einem bis zwei Kindern gemeinsam): Die Dosen werden an den offenen Seiten nach Stellen abgesucht, an denen sich die Kinder verletzen könnten. Diese Stellen werden dann mit Kreppband abgeklebt. Am untersten Rand der Dose werden mit dem Milchdosenöffner zwei Löcher gestochen. Von außen nach innen wird die Wäscheleine in je eine der Dosen gesteckt und die Enden jeweils fest verknotet.

So wird es gemacht:
Das Kind stellt sich mit jedem Fuß auf eine Dose. Es hält die Wäscheleine der jeweiligen Dose so in der Hand, dass diese straff gespannt ist. Nun bewegt sich das Kind Schritt für Schritt vorwärts. Es muss an der Wäscheleine ziehen, wenn es einen Schritt nach vorne macht und der Fuß darf dabei den Kontakt zur Dose nicht verlieren. Mit ein wenig Übung und Geduld kann das Kind einen schönen Sparziergang über den Hof machen.

Variation: Ist das Laufen auf zwei Dosen noch zu schwer, so kann das Kind auch nur mit einem Fuß auf einer Dose laufen und mit dem anderen Fuß auf dem Boden.

Literatur zur praktischen Wahrnehmungsförderung

- Hubrig, S. (2017): Mit Bewegungsspielen den eigenen Sinnen auf der Spur. Berlin: Cornelsen.
- Zimmer, R. (2019): Handbuch Sinneswahrnehmung: Grundlagen einer ganzheitlichen Bildung und Erziehung. Freiburg im Breisgau: Herder. 23. Auflage.

Positives Körperempfinden hervorrufen

Um Lust an der Bewegung, Freude am eigenen Körper zu vermitteln, sollten pädagogische Fachkräfte die Wahrnehmung der Kinder immer wieder auf positive Körperempfindungen lenken. Körperempfindungen sind Wahrnehmungserfahrungen. Nicht alle vermeintlich positiven Wahrnehmungserlebnisse werden von allen Menschen auch als angenehm empfunden. So lieben es manche Kinder beispielsweise, im Matsch zu spielen und genießen die Konsistenz des Matsches, während andere Kinder genau das gar nicht mögen.

Der Kick im Bauch im Karussell – Popcornmaschine

Alter: ab drei Jahren
Teilnehmer:innenzahl: ab fünf Kinder + mindestens eine erwachsene Person
Ort: Bewegungsraum
Materialien: Schwungtuch
Vorbereitung: –

So wird es gemacht:
Das Tuch wird ausgebreitet auf den Boden gelegt. Die Kinder stehen im Kreis am Rand des Tuches. Ein Kind darf beginnen: Es geht in die Mitte und setzt sich im Schneidersitz auf das Loch des Schwungtuches. Es nimmt die Arme nach oben. Nun greifen die Kinder den Rand des Tuches, drehen sich alle in eine Richtung und gehen langsam im Kreis und gleichzeitig Richtung Mitte. Somit wird das Kind in der Mitte des Tuches eingedreht. Das Tuch darf also nie so gespannt werden, dass das Kind in der Mitte sich mitdreht. Die Fachkraft muss darauf achten, dass das Tuch nie über die Brusthöhe des eingewickelten Kindes geht, weil es sonst den Hals abschnüren kann. Ist das Kind eingewickelt, darf es die Arme herunternehmen. Nun geht die Karussellfahrt los: Alle zählen bin drei, und bei drei gehen alle Kinder zurück und ziehen mit Kraft das Tuch auseinander. Wichtig ist, dass alle das Tuch dabei festhalten und hochhalten, damit das Kind in der Mitte vor einem Aufprall am Boden geschützt ist.

Kaffeemühle

Alter: ab drei Jahren
Teilnehmer:innenzahl: ein Kind
Ort: Schaukel, Außengelände
Materialien: Schaukel
Vorbereitung: –

So wird es gemacht:
Das Kind sitzt auf der Schaukel und hält sich fest. Die Fachkraft dreht die Schaukel mehrere Male. Dann lässt sie los. Nun dreht sich die Schaukel erst langsam und dann schneller in die Gegenrichtung.

Körperkunstwerke

Alter: ab drei Jahren
Teilnehmer:innenzahl: ab zwei Kindern
Ort: im Waschraum oder im Sommer draußen
Materialien: Körpermalfarben, Schälchen für die Farben, Pinsel, Handtücher
Vorbereitung: Der Raum, in dem die Aktion stattfinden soll, wird geheizt.

So wird es gemacht:
Die Kinder dürfen gegenseitig ihre Körper zu einem Kunstwerk gestalten, in dem sie sich mit Körpermalfarben bunt bemalen. Diese Aktion soll sich gut anfühlen. Kitzelt der Pinsel auf der Haut? Wie fühlt es sich an, sich selber zu bemalen? Wie ist es, von anderen bemalt zu werden? An welchen Körperstellen ist es schön? Welche sollen nicht berührt werden? Selbstverständlich entscheiden die Kinder individuell, wer (bzw. ob jemand) welche Körperteile bemalen darf. So wie bei allen Aktivitäten, bei denen es um Körperempfindungen geht, hat das Thema „Grenzen setzen“ Priorität: Stopp heißt Stopp!

Trockenschwimmen

Alter: ab drei Jahren
Teilnehmer:innenzahl: zwei Kinder
Ort: drinnen

Materialien: Plantschbecken, sehr viele Plastikbälle
Vorbereitung: Das Plantschbecken wird mit Bällen gefüllt.

So wird es gemacht:
Je nach Größe des Plantschbeckens dürfen ein bis zwei Kinder in das Plantschbecken. Sie krabbeln durch die Bälle, legen sich ins Becken, drehen sich um, machen Schwimmbewegungen im Becken usw. Die Bälle dürfen nicht aus dem Becken geworfen werden. Wie fühlt es sich an, sich durch die Masse an Bällen zu bewegen?

Eine Hängematte zum Schaukeln

Alter: ab drei Jahren
Teilnehmer:innenzahl: ein Kind
Ort: freier Ort draußen oder in der Kita
Materialien: Hängematte, Befestigung für die Hängematte
Vorbereitung: Die Hängematte wird drinnen oder draußen befestigt. Um die Hängematte herum muss eine freie Fläche sein. Sie wird so tief über dem Boden angebracht, dass das Kind mit Händen und Füßen am Boden aufkommen kann, wenn es sich bäuchlings über die Hängematte legt.

So wird es gemacht:
Das Kind legt sich in Bauchlage in die Hängematte. Mit den Händen oder auch Füßen stößt es sich immer wieder vom Boden ab, sodass sich das Kind selber in Bewegung setzen kann.

Fuß-Massage-Bad

Alter: ab drei Jahren
Teilnehmer:innenzahl: ein bis zwei Kinder
Ort: im Raum
Materialien: ein bis zwei Stühle, große Aufbewahrungsbox, viele Kastanien/ Holzkugeln o. Ä.
Vorbereitung: Die Kastanien werden in die Aufbewahrungsbox gefüllt. Der Stuhl wird davorgestellt.

So wird es gemacht:
Das Kind zieht Schuhe und Strümpfe aus und setzt sich auf den Stuhl. Wie bei einem Fußbad taucht es die Füße in die Kastanien, bewegt sie hin und her. Wie fühlt es sich an, wenn die Kastanien die Füße berühren?

Kitzelmäuschen

Alter: ab drei Jahren
Teilnehmer:innenzahl: ein Kind
Ort: beliebig
Materialien: –
Vorbereitung: –

So wird es gemacht:
Das Kind krempelt den Ärmel am Pullover hoch und legt den Arm entspannt auf dem Tisch ab. Es schließt die Augen. Die pädagogische Fachkraft streicht – beginnend an der Innenseite des Armes – ganz sachte mit zwei Fingern vom Handgelenk aus nach oben. So läuft die Kitzelmaus. Wenn das Kind der Meinung ist, dass die Kitzelmaus in der Ellenbogenbeuge ist, sagt es: „Stopp!" Es darf die Augen öffnen. Wie weit ist die Kitzelmaus tatsächlich gekommen?

Automassage

Alter: ab drei Jahren
Teilnehmer:innenzahl: ab zwei Kindern
Ort: ruhiger Raum
Materialien: pro Kinderteam eine Matte, Spielzeugautos (am besten etwas größer als die klassischen kleinen Spielzeugautos)
Vorbereitung: –

So wird es gemacht:
Ein Kind darf sich bäuchlings auf die Matte legen. Das andere Kind setzt sich auf Höhe des Rückens daneben. Das liegende Kind kann die Augen schließen. Es hat nichts zu tun. Das sitzende Kind hat ein Spielzeugauto: Es setzt das Auto auf den Rücken des liegenden Kindes und fährt mit ihm den Rücken langsam ab. Wenn das liegende Kind es möchte, kann das Auto auch die Beine und Arme hoch und runterfahren. Wie fühlt es sich an? Wenn es kitzelt, kann das Auto

etwas stärker auf den Rücken gedrückt werden. Das liegende Kind darf entscheiden, welchen Weg das Auto fahren soll. Nach ein paar Minuten wechseln die Kinder die Rollen.

Eine warme Decke

Alter: ab drei Jahren
Teilnehmer:innenzahl: ein bis drei Kinder
Ort: drinnen
Materialien: Matte, mit heißem Wasser befüllte Wärmflaschen (ca. sieben Stück), alternativ erwärmte Kirschkernsäckchen
Vorbereitung: Die Wärmflaschen werden mit heißem Wasser befüllt und/oder die Kirschkernsäckchen werden im Ofen erwärmt.

So wird es gemacht:
Ein Kind legt sich bäuchlings auf die Matte. Die anderen Kinder sitzen um die Matte herum. Das liegende Kind kann die Augen schließen. Es darf nicht gesprochen werden. Nach und nach legen die Kinder abwechselnd und behutsam eine Wärmflasche nach der anderen auf den Körper des Kindes. Wie fühlt es sich an? Sind alle Wärmflaschen wie eine wärmende Decke auf dem Kind, bleibt es noch eine Weile so liegen. Dann beginnen die Kinder wieder nacheinander, langsam und behutsam die Wärmflaschen wieder zu entfernen. Das Kind spürt noch einen Moment nach. Wie fühlt sich der Körper nun an? Ist die Wärme wieder weg oder noch spürbar?

Bei diesen Spielen sind übergewichtige Kinder nicht im Nachteil

Es gibt (Bewegungs-)Spiele, die für übergewichtige Kinder zur Qual werden können. Insbesondere Spiele, bei denen es um Schnelligkeit und Schnellkraft geht, wie etwa Ticken und Fangen spielen. Spiele, bei denen Kinder ihre Schwerkraft spüren oder ein höheres Gewicht von Vorteil ist, sind für schwere Kinder gut geeignet, weil sie ihren Körper als positiv wahrnehmen können – und dieser auch von anderen als positiv wahrgenommen wird.

Knallbonbon

Alter: ab vier Jahren
Teilnehmer:innenzahl: ab zwei Kindern
Ort: Bewegungsraum
Materialien: Luftballons, Musik
Vorbereitung: Die Luftballons werden aufgepustet und im Raum verteilt.

So wird es gemacht:
Die Kinder bewegen sich mit Hausschuhen oder Straßenschuhen zu Musik durch den Raum. Dabei dürfen sie die Ballons nicht berühren. Stoppt die Musik, dürfen die Kinder auf einen Ballon springen und ihn so zum Platzen bringen. Ertönt die Musik wieder, bewegen sich die Kinder wieder um die Ballons herum. Bei Musikstopp darf wieder auf die Ballons gesprungen werden, bis kein Ballon mehr heil ist.

Mattenrutschen

Alter: ab vier Jahren
Teilnehmer:innenzahl: vier bis sechs Kinder
Ort: Turnhalle
Materialien: Weichbodenmatte
Vorbereitung: –

So wird es gemacht:
Die Weichbodenmatte wird mit der glatten Seite auf den Boden gelegt. Die Kinder stellen sich an einer Hallenseite auf und die Matte liegt ca. zwei Meter von den Kindern entfernt. Das erste Kind läuft los und wirft sich auf die Matte – entweder mit dem Bauch zuerst oder so, dass es mit dem Hintern aufkommt. Durch das Gewicht des Kindes bewegt sich die Matte vorwärts. Das Kind krabbelt schnell wieder von der Matte und rennt an der Hallenseite zurück zum Startplatz. Gleichzeitig nimmt das nächste Kind Anlauf und wirft sich auf die Matte, bis die Matte am anderen Ende der Halle angekommen ist.

Variation: Zwei Kinder laufen gemeinsam und springen zum selben Zeitpunkt auf die Matte.

Mattenklatschen

Alter: ab vier Jahren
Teilnehmer:innenzahl: vier bis sechs Kinder
Ort: Turnhalle
Materialien: Weichbodenmatte
Vorbereitung: –

So wird es gemacht:
Die Kinder und mindestens eine pädagogische Fachkraft stellen die Weichbodenmatte auf eine schmale Seite. Alle Kinder versammeln sich auf einer Seite und stellen sich mit dem Bauch an die Matte, die Arme in die Luft gestreckt. Wichtig ist, dass die Kinder sich (noch) nicht fallen lassen dürfen. Auf Kommando der Fachkraft lassen sich alle Kinder mit viel Körperspannung gegen die Matte fallen, auch die Fachkraft lässt die Matte los. Nun kracht die Matte samt den, auf dem Bauch liegenden, Kindern mit einem lauten Krachen auf den Hallenboden. Die Kinder stehen wieder auf und das Spiel beginnt von vorne. So kann die Matte von einer Seite der Halle zur anderen „geknallt" werden.

Wasserrutsche

Alter: ab drei Jahren
Teilnehmer:innenzahl: ab einem Kind
Ort: Außengelände im Sommer
Materialien: große Folie, Wasser
Vorbereitung: Die Folie wird auf dem Rasen ausgelegt. Toll ist es, wenn die Rasenfläche etwas abschüssig ist. Nun wird Wasser auf die Folie gegeben.

So wird es gemacht:
Die Kinder können erst einmal vorsichtig auf dem Bauch oder sitzend die Wasserrutsche hinunterrutschen, indem sie sich mit Armen und Beinen vorwärtsbewegen. Nach und nach können die Kinder mit Anlauf zur Rutsche rennen und mit Schwung über die Folie sausen. Aber Achtung – immer nur ein Kind zurzeit!

Schneelawine

Alter: ab drei Jahren
Teilnehmer:innenzahl: ab einem Kind
Ort: Turnhalle
Materialien: drei große Kästen, kleiner Kasten, zwei Weichbodenmatten, Turnmatten
Vorbereitung: Mit den Kästen wird eine Art Treppe gebaut. Neben einen hohen Kasten wird noch ein weiterer, etwas niedrigerer Kasten gestellt. Darauf wird die Weichbodenmatte als Schräge gelegt. Am Ende der Weichbodenmatte wird noch eine Weichbodenmatte auf den Boden gelegt und dahinter ein Kasten/ oder die Wand, damit die Matte nicht wegrutscht, wenn die Kinder darauf rutschen. Auf der anderen Kastenseite wird ein kleiner Kasten als Aufstiegshilfe für den großen Kasten gestellt. An der Seite dieses Aufbaus werden Turnmatten zur Absicherung gelegt, falls ein Kind fällt.

So wird es gemacht:
Die Kinder steigen nacheinander über den kleinen Kasten auf den großen Kasten. Je nach Lust und Laune bewegen sich die Kinder die Schräge hinab, bis sie auf der Weichbodenmatte landen. Dann stehen sie auf und laufen zurück zur Aufstiegshilfe.

Je nach Fähigkeiten können die Kinder beispielsweise die Matte hinunter:

- rutschen.
- krabbeln.
- seitlich rollen.
- mit Rollen vorwärts.
- mit Rollen rückwärts.

Grundsätzlich sollte es den Kindern selbst überlassen werden, wie sie sich hinabbegeben. Der Fokus sollte darauf liegen, die Schwerkraft des Körpers zu spüren, neue Bewegungsmöglichkeiten auszuprobieren und eigene Grenzen zu erweitern.

3.5 Body Positivity

Körperbild und Körpergefühl eines Menschen werden wesentlich durch dessen Umgebung mitbestimmt. Körper werden von Mitmenschen ständig bewertet und oft kommentiert. „Hat sie zugenommen?" oder „Hübsch siehst du aus!" Bewertende Kommentare haben psychische Folgen. Die Menschen, die dem Schönheitsideal, das derzeit gesellschaftlich vorherrscht, entsprechen, können zumeist von einem guten Selbstwertgefühl profitieren, während Menschen, die diesem Ideal nicht entsprechen, möglicherweise langfristig gekränkt werden. Zwar ist dieser Umstand hinlänglich bekannt, doch wird oft vergessen, dass das Schönheitsideal bereits von klein auf das Leben prägt und mitbestimmt. Aus diesem Grund sollte dieses Thema keineswegs vernachlässigt werden. Insbesondere übergewichtige (im Kontext der „Body Positivity" oft auch als „mehrgewichtig" bezeichnete) Kinder entsprechen nicht dem schlanken Schönheitsideal, weshalb sie schon in jungen Jahren mit negativen Bewertungen und auch Diskriminierungen zu tun haben (können). Die Kulturwissenschaftlerin E. Lechner hat dieses belegt. Im Rahmen einer Studie fand sie heraus, dass als schön geltende Menschen in der Schule bevorzugt werden, es bei Arbeits- und Partner:innensuche leichter haben und auch eine bessere Gesundheitsversorgung erhalten. Das sogenannte „Bodyshaming" kann dramatische Folgen wie Essstörungen, Depressionen oder auch soziale Isolation zur Folge haben. Die Abwertung aufgrund des Aussehens wird Lookismus genannt (engl. Look = Aussehen). Ein Mensch wird aufgrund des Körpers beurteilt und verurteilt – und nicht aufgrund seines Selbst, seines Tuns und Denkens. Aufgrund von Körpermerkmalen wird jemand als positiv oder negativ eingestuft. Letzteres kann als verletzend erlebt werden. Eine besondere Form des Lookismus ist der Bodyismus – die Diskriminierung aufgrund von Körpernormen, die gerade „angesagt" sind. Diese Diskriminierung betrifft insbesondere übergewichtige Menschen in unserer Gesellschaft. Übergewichtige Vorschulkinder werden nicht nur selbst diskriminiert, sondern bereits Vorschulkinder haben oftmals negative Einstellungen gegenüber übergewichtigen Menschen. Sie wissen, was gesellschaftlich als erstrebenswert gilt und was nicht. Sie wissen, dass Übergewicht schlecht und Schlanksein etwas Gutes in unserer Gesellschaft ist. Die Gegenbewegung zu diesem Trend des Schönheitsdruckes bei Mädchen und Jungen ist die sogenannte „Body Positivity"-Bewegung (=„Körperpositivität"). Insbesondere auf Social Media setzen sich Menschen dafür ein, sich dem Schönheitsdruck zu entziehen und ihm etwas entgegenzusetzen. In dieser Bewegung geht es darum, dass jeder Mensch für sich selber entscheidet, was er oder sie am eigenen Körper schön findet und was nicht. Alle Körper sind schön! „Body Positivity“ geht von der Idee aus, dass alle Körper gut sind, so wie sie sind. Die Body Positivity ist eine Bewegung, die das Ziel verfolgt, dass niemand abgewertet und ausgegrenzt wird, weil sein Körper nicht einer gesellschaftlichen Norm entspricht (Poitzmann/Schumann 2021).

„Nein! Du bist nicht dick!“ – Soziale Botschaften

Kein Mensch kommt auf die Welt und findet sich zu dick. Eltern, Geschwister, Freundinnen und Freunde und auch pädagogische Fachkräfte vermitteln Kindern soziale Botschaften, indem sie den Körper des Kindes wertend kommentieren: „Du bist zu dick, um zu schaukeln.“ oder auch „Nein – du bist doch nicht dick!“ (obwohl das Kind übergewichtig ist – und das auch weiß. Nun weiß es auch, dass dies vermeintlich schlimm ist und besser verleugnet werden sollte.). Solche Botschaften hinterlassen Spuren im Selbstbild, im Körperbild des Kindes. Kinder neigen dazu, sich so zu sehen, wie es ihnen von anderen gespiegelt wird. Deshalb ist es auch notwendig, auf unangemessene Botschaften anderer Kinder einzugehen, etwa: „Marvin ist nicht zu dick, um zu schaukeln. Die Schaukel kann auch zwei Kinder oder einen Erwachsenen tragen.“ Das Ignorieren negativer Botschaften könnte vom betroffenen Kind als deren Bestärkung wahrgenommen werden. Zudem lernen Kinder, respektvoll mit den Körpererscheinungen anderer Menschen umzugehen.

Kinder sollten dahingehend gestärkt werden, dass sie ihren Körper realistisch einschätzen, sich in ihrem Körper, so wie er ist, wohlfühlen, ihn wertschätzen und „gut“ zu ihm sind. Es sollte gar nicht darum gehen, Äußerlichkeiten zu bewerten und zu kommentieren, sondern auf das, was ein Kind denkt und tut, einzugehen. In den sozialen Botschaften sollte immer die Förderung des Selbstbewusstseins, der Selbstakzeptanz und des Selbstvertrauens im Mittelpunkt stehen (Gesundheitsförderung Schweiz 2016).

Körperbilder in den Medienfiguren für Kinder

In den Massenmedien werden die gesellschaftlichen Schönheitsideale gehäuft gezeigt. Auf Werbeplakaten, in Zeitschriften, im Fernsehen – auch Kinderaugen kommen nicht an ihnen vorbei. Selbst, wenn es um Körperformen von Kindern geht, wird oftmals kein reales Abbild der Gesellschaft gezeigt. Übergewichtige Kinder werden ohnehin selten dargestellt. In Prospekten für

Kinderkleidung, auf Plakaten, in Bilderbüchern oder auch in Kinderfilmen tauchen sie nicht auf!

Übergewichtige Kinder haben also wenige, manchmal gar keine Identifikationsmöglichkeiten in den Kindermedien, außer vielleicht mit dem „lustigen Dicken", dem unbeliebten Dicken oder der ungesunden Dicken, die ab und zu einmal als Figur vorkommen. Positive Identifikationsfiguren mit Übergewicht fehlen. Neben der Tatsache, dass positiv besetzte übergewichtige Figuren in den Kindermedien nur schwer zu finden sind, werden den Kindern im hohen Maße extrem schlanke Figuren präsentiert. Insbesondere in Zeichentrickfilmen wird Kindern ein unrealistisches Körperbild von Mädchen, Jungen, Frauen und Männern vermittelt. M. Götz und M. Herche vom Internationalen Zentralinstitut für das Jugend- und Bildungsfernsehen haben die Körpermaße von Zeichentrickfiguren unter die Lupe genommen. Das, was Kindern an Bildern zugemutet und als Realität verkauft wird, ist zum Teil schockierend: Viele der dargestellten Körper sind selbst mit Schönheitsoperationen nicht zu erreichen, wie etwa eine extrem schmale Taille oder sehr lange, dünne Beine. Ähnliches, wenn auch nicht in einem so hohen Ausmaß wie bei den weiblichen Körpern, gilt auch für Jungen- und Männerfiguren in Zeichentrickfilmen. Viele der dargestellten Körper, insbesondere der v-förmige Oberkörper, sind nur durch langjähriges, professionelles Training zu realisieren. Daneben gibt es jedoch auch eine Bandbreite an normalen Jungen- und Männerkörpern, die den Kindern gezeigt werden. Hier und da ist auch einmal ein übergewichtiger Junge oder Mann dabei (vgl. Herche/Götz). Selbst alte Medienhelden und -heldinnen werden im Laufe der Zeit dünner. So tritt beispielsweise in den Episoden der in den 1970er-Jahren produzierten Trickfilmserie „Die Biene Maja" die titelgebende Protagonistin als fröhliche, rundliche Biene auf, während sie in der Neuauflage aus dem Jahr 2013 deutlich erschlankt ist.

Um die Vielfalt der Gesellschaft realistischer abzubilden, sollten übergewichtige Kinder in den Medien nicht nur stigmatisierend als „ulkig" oder gar als „Antiheld" erscheinen, sondern als Charaktere unabhängig von äußerlichen Aspekten.

Diesbezüglich scheint die Entwicklung in Kinderbüchern erfreulicherweise bereits weiter vorangeschritten, etwa hinsichtlich vielfältiger abgebildeter Haut- und Haarfarben, sowie körperlicher oder geistiger Beeinträchtigungen. Allein die Sichtbarkeit dicker Kinder lässt noch Wünsche offen.

Puppen

Das Schönheitsideal „schlank“ gilt nicht nur für mediale Inhalte, sondern taucht oft auch in der Spielzeugindustrie auf (wobei Spielfiguren nicht selten ebenfalls auf Film- oder Fernsehfiguren basieren). Neben diversen Actionfiguren, die eher die männliche Zielgruppe ansprechen, stellt die überschlanke „Barbie“ der Firma Mattel vermutlich vielerorts das prominenteste Beispiel dar. So wurde bis 2003 lediglich eine überschlanke Puppe produziert, die – überträgt man ihre Maße auf menschliche Körpermaße – aus medizinischer Sicht nicht überlebensfähig wäre (vgl. Herche/Götz). Zwar kehrte man nach einem Relaunch im Jahr 2003 rasch wieder zu den ursprünglichen Körpermaßen der „Barbie“-Puppe zurück, doch ist man sich von Herstellerseite offenbar zunehmend „Barbies“ Vorbildcharakter bewusst. Immerhin werden – neben der immer wieder leicht angepassten Originalfigur – zunehmend Puppen mit unterschiedlichen Frisuren bzw. Haar- und Hautfarben, breiteren Hüften, unterschiedlichen Körpergrößen und seit einigen Jahren sogar körperlichen und psychischen Beeinträchtigungen produziert. Wirkt „Curvy Barbie“ neben der ursprünglichen Version auch etwas vollschlanker, so gibt es eine erkennbar übergewichtige „Barbie“ allerdings bis zum heutigen Tag nicht.

Spielimpulse zur Auseinandersetzung mit Schönheitsidealen

Schönheitsideale verändern sich im Laufe der Zeit, sie sind nicht festgeschrieben. Galt es im Mittelalter als besonders erstrebenswert, wenn ein Mensch etwas mehr Körperfülle hatte, weil dieses als Symbol für Fruchtbarkeit, Sinnlichkeit und Wohlstand galt, gelten gegenwärtig schlanke Menschen als schön und gesund. Die Schönheitsideale der heutigen Zeit sind für die meisten Menschen nicht erreichbar und damit unrealistisch. Dabei unterziehen sich viele Menschen Schönheitsoperationen, und Bilder im Internet werden in der Regel mit Filtern bearbeitet.

Auch Kinder vergleichen sich schon ab Beginn ihrer Kindergartenzeit – und damit dann, wenn die meisten zum ersten Mal regelmäßig Kontakt mit Gleichaltrigen haben – mit anderen: „Ich bin größer als du!“ oder auch „Ich bin dicker als du!“

Es ist nie zu früh, sich mit Schönheitsidealen zu beschäftigen, mit dem Ziel, diese als konstruiert wahrzunehmen und die Vielfalt und individuellen Schönheiten aller Menschen wertzuschätzen.

Praxisimpulse rund um das Thema „Schönheitsideale“

Bilderbuchbetrachtung

Alter: ab drei Kinder
Teilnehmer:innenzahl: ab drei Kindern
Ort: Stuhlkreis
Materialien: Bilderbuch zur Körperbetrachtung

So wird es gemacht:
Die pädagogische Fachkraft führt eine Bilderbuchbetrachtung durch.
Dabei liegt der Fokus auf folgenden Punkten:

- Alle Körper haben Gemeinsamkeiten, die individuell ganz unterschiedlich sind. So haben beispielsweise alle Menschen einen Bauch, aber bei genauer Betrachtung sieht jeder Bauch anders aus. Die Kinder können vergleichen.
- Kein Körper ist genauso, wie der andere. Die Kinder können vergleichen.
- Jeder Körper kann tolle Sachen. Kann jemand mit den Ohren wackeln? Gibt es noch andere Sachen, die ihr könnt und andere vielleicht nicht?
- Einen Körper zu haben, macht Spaß! In welchen Situationen habt ihr richtig Spaß mit eurem Körper? Beispielsweise beim Schlittenfahren oder beim Kämpfen mit einem Freund?
- Jeder Körper muss liebevoll gepflegt werden. Wie sagt euch der Körper, was er braucht? Was tut ihr eurem Körper Gutes? Wenn beispielsweise der Magen knurrt, beschafft ihr dem Körper etwas zu essen, oder wenn ihr müde werdet, legt ihr den Körper zur Entspannung ins Bett.

Die Vielfalt der Körperformen

Alter: ab drei Jahren
Teilnehmer:innenzahl: ab einem Kind
Ort: Stuhlkreis
Materialien: Bilderbuch zur Betrachtung von Körperformen
Vorbereitung: –

So wird es gemacht:
Die Fachkraft führt eine Bilderbuchbetrachtung durch.

Mögliche Gesprächsimpulse zum Buch:

- Was findest du schön? Was findest du nicht schön an einem Körper?
- Wer bestimmt, was schön ist und was nicht?
- Wie wäre es, wenn alle Körper gleich wären? Wie würdest du das finden? Warum würdest du das so finden?

Das hat sich toll angefühlt!

Alter: ab drei Jahren
Teilnehmer:innenzahl: ab drei Kindern
Ort: Stuhlkreis
Materialien: –
Vorbereitung: –

So wird es gemacht:
Die Kinder werden dazu angeregt, über Momente nachzudenken, in denen sich ihr Körper ganz besonders gut angefühlt hat.

Beispiele:

- Von Mama nach dem Baden abgetrocknet werden.
- Eine hohe Rutsche heruntersausen.
- Mit den Füßen durch warmen Sand laufen.
- Haare föhnen.
- Ein Pferd streicheln.
- Unter einer warmen Dusche stehen.
- Im Kettenkarussell sitzen, das sich schnell dreht.

Empfinden alle Kinder dasselbe als schön? An welchen Stellen gibt es Unterschiede?

Alle Kinder haben …

Alter: ab drei Jahren
Teilnehmer:innenzahl: ab drei Kindern
Ort: Stuhlkreis
Materialien: –
Vorbereitung: –

So wird es gemacht:

Die pädagogische Fachkraft regt die Kinder dazu an, darüber nachzudenken, was alle Kinder der Gruppe körperlich gemeinsam haben. Allerdings sieht das Körperteil bei jedem Kind unterschiedlich aus. Ein Kind beginnt: „Alle Kinder in diesem Raum haben eine Nase." Sehen alle Nasen gleich aus? Die Kinder betrachten gegenseitig ihre Nasen. Welche Unterschiede können wahrgenommen werden? Alle Kinder setzen sich wieder hin und ein anderes Kind darf ein Körperteil nennen: „Alle Kinder in diesem Raum haben einen Bauch!" Nun können Bäuche verglichen werden usw. Es ist also ganz normal, dass alle Körper anders aussehen. Jeder Körper ist einzigartig. Es gibt keine zwei Körper, die identisch sind.

Figuren gestalten

Alter: ab fünf Jahren
Teilnehmer:innenzahl: ab einem Kind
Ort: am Tisch
Materialien: Pappen, Scheren, Papier, Buntstifte, Seidenpapier, Krepppapier, Glitzer, Klebstoff
Vorbereitung: Die Fachkraft bereitet aus Pappe Menschenkörper in verschiedenen Breiten und Höhen vor.

So wird es gemacht:

Die Kinder suchen sich eine Figur aus und beginnen, sie anzuziehen. Die Kleidung muss von ihnen allerdings selbst hergestellt und aufgeklebt werden. Die Kinder können Röcke und Hosen ausschneiden, anmalen und aufkleben, Seidenpapierstücke als Pullover aufkleben, kleine Knüddelchen aus Seidenpapier machen und die aufgeklebten Socken damit verzieren oder auch Glitzerkleidung gestalten.

Am Ende werden alle Figuren vorgestellt:

- Wer ist das?
- Wie heißt er oder sie?
- Was isst die Figur am liebsten?
- Was kann sie ganz besonders gut?

Alle Figuren sind ganz besonders gekleidet und haben mit Sicherheit auch besondere Interessen und Fähigkeiten.

Die warme Dusche

Alter: ab drei Jahren
Teilnehmer:innenzahl: ab drei Kindern
Ort: Gruppenraum
Materialien: –
Vorbereitung: –

So wird es gemacht:
Die Kinder sitzen im Kreis. Ein Kind darf sich in die Kreismitte setzen. Die Fachkraft bittet die Kinder, der Reihe nach zu sagen, was das Kind im Kreis gut kann. Die Fragestellung ist so gewählt, dass es nicht um Äußeres geht, sondern um Fähigkeiten und Verhaltensweisen. Der Reihe nach nennt jedes Kind eine Fähigkeit.

Beispiele:

- Du kannst gut rennen.
- Du kannst super Quatsch machen, sodass ich lachen muss.
- Du kannst hoch schaukeln.
- Du kannst andere Kinder trösten, wenn sie traurig sind.
- Du kennst dich toll mit Hunden aus.

Danach darf ein anderes Kind in die Mitte. Jedes Kind sollte einmal in der Mitte gewesen sein.

Unsere eigene Schönheit: Schminken und verkleiden

Alter: ab drei Jahren
Teilnehmer:innenzahl: ab drei Kindern bis ganze Gruppe
Ort: beheizter Waschraum oder im Sommer draußen
Materialien: Kinderschminke, Spiegel, Haarbänder, Haargummis, verschiedene Tücher, ggf. Haarkreide, Flüssigseife, Lebensmittelfarbe, Schälchen, Kamera zum Fotografieren, Dusche oder Waschlappen, Handtücher
Vorbereitung: Die Flüssigseife wird mit Lebensmittelfarbe eingefärbt. Jede farbige Seife wird in ein eigenes Schälchen gegossen.

So wird es gemacht:
Die Kinder dürfen sich ausziehen und ihren oder den Körper eines anderen mit farbiger Seife anmalen, entweder mit einem Pinsel oder mit den Händen. So entstehen schöne Körperkunstwerke. Zusätzlich können entsprechend dazu die Haare der Kinder mit Tüchern, Bändern und Haargummis und farbiger Haarkreide gestylt werden.
Wenn die Kinder möchten, können diese Kunstwerk-Körper fotografiert werden. Denn spätestens unter der Dusche werden sie bald zerstört werden.

Jeder Körper ist besonders!

Alter: ab drei Jahren
Teilnehmer:innenzahl: ab vier Kindern
Ort: im Stuhlkreis oder Stehkreis
Materialien: –
Vorbereitung: –

So wird es gemacht:
Viele Kinder haben etwas Äußerliches oder eine körperliche Fähigkeit, die andere nicht haben. Diese sollen hier hervorgehoben werden. Jedes Kind überlegt, was es am Körper hat oder mit dem Körper machen kann, was nicht jeder kann. Die Kinder stellen ihre Idee vor – und die anderen Kinder überprüfen es an sich. Vielleicht gibt es noch zehn Kinder, die auch Haare auf den Armen haben. Vielleicht gibt es noch ein Kind, das Sommersprossen hat, aber nur auf der Nase und nicht am Ohr. Vielleicht gibt es noch ein Kind, das das Daumengelenk aus- und einrenken kann. Und gibt es ein Kind, bei dem der rechte, kleine Zeh etwas hochsteht? Ein Kind hat einen dicken Bauch, ein anderes kann mit den Augen schielen und wiederum ein anderes Kind hat ganz dichtes, lockiges Haar.

Mein Körper ist mehr als „dick" oder „dünn"

Alter: ab drei Jahren
Teilnehmer:innenzahl: ab drei Kindern
Ort: Stuhlkreis
Materialien: evtl. Sachbücher zum Thema „Körper" (siehe Auflistung am Ende)
Vorbereitung: –

So wird es gemacht:

Die pädagogische Fachkraft fordert die Kinder auf, zu überlegen, was die einzelnen Körperteile des Kindes alles können. Wozu haben wir sie? Wie helfen sie uns im Alltag? Die Kinder dürfen erzählen und die Fachkraft ergänzt, wenn es nötig ist. Die Erläuterungen können ruhig ungenau, aber dafür kindgerecht sein. Selbstverständlich riechen wir nicht mit der Nase, sondern dafür sind Rezeptoren und das Gehirn verantwortlich, aber dieses Fachwissen ist für die Kinder bei dieser Aktivität nicht bedeutend.

Am Ende sollte hervorgehoben werden, dass der Körper uns Menschen lebensfähig macht und wir ohne ihn ganz schön „aufgeschmissen" wären. Die Funktionen des Körpers sind viel wichtiger als das Aussehen des Körpers.

Beispiele:

- Ohren: Wir hören mit den Ohren.
- Augen: Wir sehen mit den Augen.
- Nase: Wir riechen mit der Nase.
- Wir laufen, hüpfen, stehen mit den Beinen und Füßen.
- Wir heben etwas mit den Armen hoch.
- ....

Auch auf das Innere des Körpers kann eingegangen werden:

- Das Herz pumpt das Blut durch den Körper (ggf. mit einem Stethoskop gegenseitig abhören).
- Der Bauch verarbeitet das Essen, sodass der Körper mit wichtigen Nährstoffen versorgt wird (ggf. Magen-Darm-Geräusche mit einem Stethoskop gegenseitig abhören).
- ...

Literatur zum Körperwissen

- Dickmann, N./Howling, A. (2020): Das Buch mit der Lupe: Mein Körper: Schieben – Schauen – Verstehen. Ravensburg: Ravensburger.
- Fink, M. (2020): Mein Körper von innen? Mit dem Bilderbuch „Schau in deinen Körper" von J. Vogt/F. Horstschläfer. 8 Kita-Projektideen. Weinheim und Basel: Beltz.
- Noa, S./Voigt, S. (2016): Mein Körper: Wie wachse ich? Warum brauche ich Muskeln? (WAS IST WAS Junior Sachbuch, Band 7). Nürnberg: Tessloff.
- Stowell, L./Leake, K. (2015): Reise durch den Körper – Von Kopf bis Fuß. Regensburg: Usborne Publishing.

- Vogt, J./Horstschäfer, F. (2017): Schau in deinen Körper. Weinheim und Basel: Beltz.
- von Bornstädt, M./Döring, H. (2018): Guck mal: Mein Körper. Hamburg: Carlsen.

Die Fachkraft als Vorbild

Was bringen Kindern die besten Belehrungen, dass alle Menschen schön sind, wenn sie bei Erwachsenen gegenteilige Auffassungen wahrnehmen. Jede Fachkraft ist unglaubwürdig, wenn sie mal wieder seufzend mit den Worten „Ich werde immer dicker. Ich darf das echt nicht mehr essen.“ den Nachtisch zur Seite schiebt oder sich nicht fotografieren lassen mag, weil sie sich auf Fotos „nicht leiden“ kann.

„Ich mag meinen Körper, so wie er ist!“: Impulsfragen zur Selbstreflexion

Beschreiben Sie bitte ...

- was Sie besonders gerne an Ihrem Körper mögen und warum.
- was sie möglicherweise nicht so gerne mögen und warum.
- mindestens eine Situation, in der sie sich rundum wohl in Ihrem Körper gefühlt haben. Was hat dazu beigetragen, dass Sie sich so wohl gefühlt haben z. B. der Ort, Menschen, die dort waren, weil keine Menschen dort waren)?
- mindestens eine Situation, in der sie sich gar nicht wohl in ihrem Körper gefühlt haben. Was hat dazu beigetragen, dass sie sich so gefühlt haben? Was hätten Sie gebraucht, um sich in dieser Situation wohl zu fühlen?
- Haben Sie schon einmal Komplimente bezogen auf Ihren Körper bekommen? Welche und von wem? Wie ging es Ihnen damit in der Situation und nach der Situation?
- Haben Sie schon einmal negative Aussagen bezogen auf Ihren Körper bekommen? Welche und von wem? Wie ging es Ihnen damit in der Situation und nach der Situation?
- Was tun Sie konkret, damit Sie sich wohl in Ihrem Körper fühlen (z. B. sich massieren lassen)?
- Was nehmen Sie sich möglicherweise vor, für Ihren Körper zu tun, setzen es jedoch nie oder selten um (z. B. regelmäßig schwimmen gehen)? Warum setzen Sie es nie oder selten um?

Hätten Sie es gewusst?

- Die meisten Influencer:innen nutzen Bildbearbeitungsprogramme, die ihren Körper entsprechend der vermeintlich idealen Maße darstellen. Je mehr man sich vermeintlich perfekte Körper in den Medien anschaut, desto unzufriedener wird man mit dem eigenen Körper.
- Models haben die Vorgabe, mindestens 1,74 m groß zu sein und sie dürfen maximal die Kleidergröße 36 tragen. Deutsche Frauen sind durchschnittlich 1,63 m groß und tragen im Durchschnitt mindestens Größe 40.
- Auch Männerkörper werden unrealistisch dargestellt.

(von Aufschnaiter 2020)

Buchtipp für Frauen, die selber zu oft an sogenannte „Problemzonen" denken:

- Rensch-Bergner, M. (2022): Abschaffung der Problemzonen. Berlin: CPI Bücher.

4. Zusammenarbeit mit Eltern

Eine gesunde Lebensweise wird vor allem durch die Familie geprägt. Übergewichtige Kinder haben oft auch übergewichtige Eltern. Das macht das Ansprechen von möglicherweise gesundheitsschädlichem Übergewicht beim Kind nicht leicht, denn schnell kann ein Gefühl von Grenzüberschreitung aufkommen. Im Folgenden werden einige Praxisideen aufgezeigt, wie Elternarbeit bei der Thematik „Übergewichtige Kinder" gestaltet werden könnte.

4.1 Dialog mit den Eltern

Eltern übergewichtiger Kinder sehen manchmal nicht, dass ihr Kind möglicherweise zu viel wiegt. Viele Eltern sind der Meinung, ihr übergewichtiges Kind sei „genau richtig". Es fehlt also ein Bewusstsein für das Problem. Bei Jungen ist dieses Problembewusstsein noch weniger da, als bei Mädchen. Dieses hängt sicherlich mit dem gesellschaftlichen Schönheitsideal zusammen, dass ein weibliches Wesen besser schlank sei (vgl. Pro Kita 2018).

Auch, wenn es nicht einfach ist, das Thema anzusprechen, so wird dem übergewichtigen Kind kein Gefallen getan, wenn das Problem verschwiegen wird. Im Gegenteil: Es wird dem Kind schaden, wenn man seine Situation nicht verändert.

Beginnen Sie das Gespräch beispielsweise mit folgenden Satzanfängen:

- „Ich habe wahrgenommen, dass …"
- „Mir ist aufgefallen, dass …"
- „Ich mache mir Sorgen, weil…"

Fragen Sie die Eltern, was sie dazu meinen. Sie sind die Expert:innen für das Kind. Wichtig ist, die Sichtweise der Eltern zu verstehen. Wie sehen Sie das? Durch die Erläuterungen der Eltern, haben Sie die Möglichkeit, sich besser in deren Lage zu versetzen und sie sinnvoller beraten zu können. Nehmen Sie die Meinung, Gefühle und Perspektive der Eltern ernst, auch wenn Sie eine andere haben. Zeigen Sie den Eltern, dass Sie deren Meinung respektieren und ihre Lebenslage wertschätzen. Wenn die Eltern das Problem nicht sehen, dann können Sie die Sorge, die Sie haben, zum Ausdruck bringen. Zum Beispiel, dass sie Angst haben, das Kind könnte gehänselt werden aufgrund seines Körpergewichts oder, dass es bei Bewegungsspielen nicht so gut mithalten kann und deshalb evtl. von anderen beim Spielen ausgeschlossen wird. Kein Elternteil möchte, dass das Kind Gefahr läuft, von anderen ausgegrenzt zu werden. Manche Eltern brauchen „harte Fakten": Hier ist es sinnvoll, dass Sie gemeinsam mit den Eltern das Untersuchungsheft des Kindes anschauen. Darin ist eine Perzentilenberechnung, an der abzulesen ist, ob das Kind im Vergleich zu anderen übergewichtig ist.

Wenn die Eltern sich das Problem bewusst machen, ist ein wesentlicher Schritt geschafft, um dem Kind helfen zu können. Entwickeln Sie gemeinsam mit den Eltern Lösungsmöglichkeiten, dem Kind zu helfen, sein Gewicht zu halten. Es darf nicht um eine Diät gehen, denn Kinder im Vorschulalter benötigen keine Diäten. Das Risiko, dass Kinder aufgrund einer Diät nicht ausreichend mit Nährstoffen versorgt werden, ist zu groß. Vielmehr soll es darum gehen, dass Gewicht zu halten, sodass es sich im Laufe der Zeit, in der das Kind an Körperlänge zunimmt, quasi herauswächst. Zusätzlich können ausgewogene Ernährung und sportliche Maßnahmen wirkungsvoll sein. An allererster Stelle soll dabei jedoch Freude daran stehen. Wichtig hierbei ist, dass Eltern und Kita „an einem Strang ziehen".

Im Groben gibt es drei Bereiche, die in der Regel reflektiert und ggf. verändert werden müssen:

- Essen und Trinken
- Bewegung
- Umgang mit Medien

Diese Reflexion muss sehr sensibel erfolgen! Schnell können persönliche Grenzen überschritten werden. Verunsicherungen und Kränkungen sind die Folge. Oftmals haben ja auch die Eltern bzw. die gesamte Familie eine Problematik mit Übergewicht, oft verbunden mit den drei genannten Bereichen. Jeder Erwachsene weiß, dass Bewegung und gesunde Ernährung gut für die Gesundheit ist und „Gedaddel" am Smartphone Zeit für sinnvollere Tätigkeiten raubt. Und dennoch verhalten sich die meisten Erwachsenen entgegen eines besseren Wissens nicht entsprechend der Empfehlungen. Dadurch, dass die Lösung vermeintlich „so einfach" ist, wie „Dann iss' doch weniger!", „Schalte das Smartphone doch einfach mal aus." oder „Dann gehe doch einfach regelmäßig zum Sport!" wird suggeriert, dass Übergewicht ein individuelles Versagen ist. Jeder kann der Werbung oder ärztlichen Tipps folgend schlank sein, wenn er oder sie nur möchte – und die Ratschläge umsetzt. Dass es so einfach nicht ist, weiß jeder, der schon einmal ein paar Kilo abnehmen wollte oder beschlossen hat, körperlich fitter zu werden. Respekt vor der Lebensweise der Familie sollte bei diesen Gesprächen immer an erster Stelle stehen. Ansonsten können sich Scham und Verunsicherung, sowie die Ablehnung gegenüber Hilfsangeboten verstärken. Keinesfalls sollte es im Gespräch darum gehen, Eltern zu belehren. Vielmehr sind kleine Tipps für den Alltag sinnvoll, die tatsächlich umsetzbar sind, die Eltern nicht überfordern und dem Kind helfen, nicht weiter zuzunehmen. Dafür müssen Fachkräfte und Eltern gemeinsam überlegen, welche Veränderungen möglich sind – sowohl in der Kita als auch zu Hause.

Beispiele

Bereich Essen und Trinken:

- auf Limonade verzichten und auf Wasser oder ungesüßten Tee umsteigen. Limonade am Wochenende als Süßigkeit.
- Süßigkeitenvorrat zu Hause nicht frei zugänglich für Kinder oder gar keinen haben.
- keine Chips in die Brotdose (ggf. Frühstück in der Kita?)
- Essen nur am Esstisch, nicht vor dem Fernseher

Bereich Bewegung:

- Das Kind beim Kinderturnen im Verein anmelden. Falls die Begleitung zeitlich nicht möglich ist: Ella aus der Gruppe ist dort auch. Vielleicht ist es möglich, dass das eigene Kind mitgenommen wird.
- Mit dem Kind auf den Spielplatz gehen am Nachmittag. Nicht abhängig davon, ob die älteren Geschwister gehen. Vielleicht eine andere Mutter nach einer Verabredung dort fragen und gemeinsam eine Stunde dort verbringen. Welche andere Mutter könnte infrage kommen?

Bereich Medien:

- Wecker stellen und damit Medienzeit begrenzen.
- Jedes Geschwisterkind hat gestaffelt nach Alter eine andere Medienzeit zu Hause.
- Fernseher ausmachen, wenn keiner fernsieht. Stattdessen Radio anmachen oder Hörspiele?

Überlegen Sie, welche Ideen sich realistisch umsetzen lassen. Konzentrieren Sie sich zunächst auf eine Idee. Weitere Ideen können nach und nach in Angriff genommen werden. Bleiben Sie also mit den Eltern im Gespräch.

In einigen Fällen benötigen die Familien Unterstützung, die über die Möglichkeiten einer Kita hinausgehen, wie etwa ärztliche oder therapeutische Hilfe. Auch bei dieser Beratung ist ein hohes Maß an Sensibilität seitens der Fachkraft gefragt, um keine Angst oder Scham bei Eltern auszulösen, die die Hemmschwelle erhöhen, derartige Hilfe in Anspruch zu nehmen. Schließlich wissen auch sie, dass die Vorstellung ihres Kindes bei ärztlichen und therapeutischen (z. B. Familientherapie oder Verhaltenstherapie) Institutionen auch immer bedeutet, einen Einblick in die familiäre Welt geben zu müssen. Bei deutlichem Übergewicht eines Kindes sind Kinderärzt:innen die Ansprechpartner:innen für die Familie. Diese haben die Möglichkeit, passgenaue, ambulante Programme oder stationäre Behandlungen zu empfehlen oder auch an speziell geschulte Ärzt:innen zu überweisen.

Ratgeber für Eltern im Internet

- Elternratgeber der deutschen Gesellschaft für Kinder- und Jugendmedizin e.V.: http://www.dgkj.de/eltern/dgkj-elterninformationen/elterninfo-uebergewicht/
- Elternratgeber der Bundeszentrale für gesundheitliche Aufklärung: http://www.kindergesundheit-info.de/themen/ernaehrung/essprobleme/uebergewicht/
- Bundeszentrale für gesundheitliche Aufklärung (2007): Übergewicht bei Kindern und Jugendlichen. So finden Sie ein gutes Programm. Ein Leitfaden für Eltern und Erziehende. Köln/in verschiedenen Sprachen zu bestellen unter: http://shop.bzga.de/broschuere-uebergewicht-bei-kindern-und-jugendlichen-c-457/

4.2 Praktische Ideen zur Elternarbeit

Im Folgenden werden einige Ideen vorgestellt, die als Impuls zu verstehen sind. Nicht jede Idee ist für jedes Elternklientel geeignet.

4.2.1 Elternabend: Vielfernseher:innen und Kinderlebensmittelwerbung

Insbesondere während der Isolation im Rahmen der Pandemie ist der Medienkonsum vieler Kinder sehr gestiegen, und damit auch oftmals ihr Gewicht (Till 2022). Dieses betraf alle sozialen Schichten.

Was schon vor der Pandemie ein Phänomen in vielen Kitas war und noch immer ist, ist das sogenannte „Montagssyndrom". Am Montag sind die Kinder besonders bewegungshungrig und unkonzentriert. Grund dafür ist der hohe Fernsehkonsum am Wochenende. Wer viel Zeit vor dem Bildschirm verbringt, bewegt sich auch dementsprechend wenig. Deshalb ist es allzu verständlich, wenn die Kinder „zappelig" sind. Elektronische Medien verhindern also Bewegung. Fernsehen und Computerspiele verbrauchen wenig Energie und vielen Kindern ist es zur Gewohnheit geworden, Süßigkeiten oder salzige, fettige Lebensmittel „nebenbei" vor dem Fernseher zu essen. Diese beiden Aspekte zusammen erhöhen die Gefahr der Gewichtszunahme. Der Fernseher ist in der Regel das Familienmedium. Von daher sollte die Kita die Eltern erreichen und ihnen wertvolle Tipps anbieten, wie sie den Fernsehkonsum der Kinder im gesunden Rahmen halten können. Dieses gilt selbstverständlich nur für die Kitas, in denen der Umgang mit Medien zum Problem wird. Falls es so ist, sollte dieses thematisiert werden, nicht belehrend, sondern dennoch wertschätzend und unkompliziert. Der hohe Medienkonsum entsteht aus dem oftmals stressigen oder belasteten Familienalltag. Bei einem Elternabend sollte es nicht um eine vertiefende Auseinandersetzung mit dem Thema „Medienerziehung und Medienkompetenz" gehen. Ziel ist lediglich, die Verdeutlichung, dass zu viel Zeit vor dem Bildschirm Bewegung verhindert und die Entwicklung von Alternativen zur Vorbeugung von Übergewicht.

Ein paar Informationen zum Thema

Wenn Eltern ihre Kinder viel fernsehen lassen, ist dies zunächst verständlich:

- Fernsehen macht Kindern Spaß.
- Bei einigen Sendungen können sie etwas lernen.
- Die Kinder sind zufrieden, wenn sie sich die bewegten Bilder anschauen und verhalten sich ruhig.
- Fernsehen scheint als „Familienaktion" geeignet zu sein.
- Fernsehen kostet (vermeintlich) nichts.

- Fernsehzeit ist der Babysitter für die Kinder, Eltern können in der Zeit etwas anderes machen.
- Fernsehzeiten lassen sich gut als Belohnung (oder Bestrafung) benutzen.

Bezogen auf Übergewicht (aber nicht nur) ergeben sich jedoch aus übermäßiger Zeit vor dem Bildschirm auch deutliche Nachteile:

- Kinder bewegen sich nicht, wenn sie fernsehen. Kinder müssen sich für eine gesunde Entwicklung jedoch viel bewegen und möchten dies auch.
- Kinder nehmen zu, wenn sie bei zu wenig Bewegung auch noch Snacks und Süßes vor dem Fernseher essen.

Deshalb:

- Eltern sollten die Bildschirmzeiten ihrer Kinder kontrollieren.
- Für Vorschulkinder im Alter von vier bis sechs Jahren empfehlen Fachleute höchstens 30 Minuten, Kinder, die jünger sind, sollten gar nicht fernsehen.
- Mit den Kindern können Fernsehregeln vereinbart werden, etwa, dass immer nach dem Abendbrot noch 15 Minuten ferngesehen werden darf. Gut ist es, gezielt eine Folge, die das Kind gerne schauen möchte, vorzubereiten, sodass kein Zappen durch die Programme oder ein ständiges Umentscheiden, wenn der Anfang der Folge nicht gefällt, ausgeschlossen ist.
- Der Fernseher sollte nie als Berieselung im Hintergrund laufen, sondern gezielt zum Gucken an- und danach wieder ausgeschaltet werden.
- Auch, wenn ein Essen am Tisch manchmal stressig ist: Es sollte nicht vor dem Fernseher gegessen werden. Kinder gewöhnen sich schnell dieses „Nebenbei-Essen“ vor dem Fernseher an und fordern dies dann auch ein.

Ins Gespräch kommen ...

Die Eltern und Fachkräfte sitzen im Stuhlkreis. Die Fachkraft gibt Impulsfragen „in die Runde“. Die Fragen können persönlicher sein, wenn die Eltern offen miteinander umgehen können. Wer mag, kann etwas dazu sagen.

- Welche Nutzungsregeln gibt es für die Fernsehzeiten zu Hause (z. B. feste Fernsehzeiten, Abendessen am Samstag vor dem Fernseher)?

- In welchen Situationen benutzen Sie fernsehen zur Belohnung oder Fernsehverbot als Bestrafung?
- In welchen Situationen nutzen Sie den Fernseher als „Babysitter"?
- Was kann ich meinem Kind als Alternative zum Fernsehen anbieten (z. B. malen, Bilderbücher angucken, Hörspiele hören, verabreden)?

Wer viel fernsieht oder streamt, der wird auch oft mit Werbung konfrontiert. Für sogenannte „Kinderlebensmittel" wird viel Werbung gemacht – und sowohl Kinder als auch Eltern fallen oft auf die Werbetricks herein. Denn Kinderlebensmittel halten meist nicht, was sie versprechen.

Werbung für Kinderlebensmittel unter die Lupe nehmen

Was sind Kinderlebensmittel?

Die Fachkraft legt einige gängige Kinderlebensmittel in den Stuhlkreis. Die Eltern werden sie sicher kennen.

Die Fachkraft erläutert, was unter dem Begriff „Kinderlebensmittel" zu verstehen ist:

- Als Kinderlebensmittel werden Produkte bezeichnet, die wegen ihrer Gestaltung und Werbung gezielt Kinder zum Kauf anregen sollen. So sind die Verpackungen farbenfroh und mit Bildern versehen, oft mit Figuren populärer Comic- oder Kinderfilmheld:innen. Manchmal bekommt man beim Kauf des Produktes auch Sammelbilder, Aufkleber, kleine Figuren oder andere Spielzeuge vermeintlich gratis mitgeliefert. Selbstredend, dass Kinder diese Produkte begehren.
- Da die Kinder jedoch keine Kaufkraft besitzen, müssen die Produkte auch für Eltern, die als Käufer:innen infrage kommen, attraktiv sein. Das schaffen die Werber:innen, indem sie auf der Verpackung oder im Jingle in der Radio- oder Fernsehwerbung hervorheben, dass das Lebensmittelprodukt die Kinder nicht nur glücklich macht, sondern auch gut für ihre gesunde Entwicklung ist. So wird ein Schokoladenriegel mit einer Extraportion gesunder Milch beworben oder in den Fokus gestellt, dass ein Bonbon Vitamine enthält.

Die Fachkraft kann dies an den mitgebrachten Produkten verdeutlichen.

- Eine Foodwatch-Marktstudie aus dem Jahr 2021 ergab, dass 85,5 Prozent der untersuchten Kinderlebensmittel nicht den Nährwert-Empfehlungen der Weltgesundheitsorganisation entsprechen, weil sie wesentlich mehr Zucker, Fett und Salz beinhalten. Speziell für Kinder beworbene Lebensmittel sind überwiegend ungesund und tragen zur Gewichtszunahme bei (vgl. Foodwatch 2021). Kinder brauchen keine speziellen Lebensmittel! Verbraucherzentralen können kein speziell für Kinder angepriesenes Lebensmittelprodukt empfehlen (Verbraucherzentrale 2022, Kinderlebensmittel).

Werbung für Lebensmittel

Eine von der AOK geförderte Studie der Universität Hamburg brachte hervor, dass ein Kind in Deutschland täglich mit durchschnittlich 15 Werbespots oder Werbeanzeigen für ungesunde Lebensmittel konfrontiert wird, die meisten während des Fernsehkonsums. Durchschnittlich 92 Prozent der Werbespots für Lebensmittel bezogen sich auf ungesunde Produkte (Snacks und Süßigkeiten sowie Fast Food). 70 Prozent der Lebensmittelwerbespots, die im Rahmen der Studie untersucht wurden, richteten sich hinsichtlich der Gestaltung speziell an Kinder. Die Daten, die im Rahmen der Studie herangezogen wurden, bezogen sich auf die Jahre 2019/2020, und liegen damit zeitlich vor der Corona-Pandemie. Möglicherweise ist der Fernsehkonsum während der Pandemie bei vielen Kindern höher gewesen. Im Gegensatz zu Deutschland, ist in vielen anderen Ländern Kindermarketing für ungesunde Lebensmittelprodukte verboten. Dr. Peter, Kinderärztin und stellvertretende Vorsitzende des Berufsverbandes der Kinder- und Jugendärzte gibt an, dass sie die schädlichen, gesundheitlichen Folgen der Werbespots für ungesunde Lebensmittel für Kinder tagtäglich in den kinderärztlichen Praxen sehe, nämlich im Hinblick auf übergewichtige Kinder. Sie ist demzufolge der Meinung, dass die spezielle Werbung mitverantwortlich für die vielen übergewichtigen Kinder ist. Prof. Dr. Hauner, Leiter des Else Kröner-Fresenius-Zentrum für Ernährungsmedizin der TU München und Vorsitzender der Deutschen Diabetes Stiftung, bringt auf den Punkt, dass Kinder über 15 Mal täglich durch die Industrie animiert werden, mehr Zucker, Salz und Fett zu essen (vgl. AOK Pressemitteilung 2021). Lebensmittelwerbung, insbesondere die, die auch an Kinder richtet ist, stellt damit einen wichtigen Faktor für die Entstehung von Übergewicht dar, und sollte zuhause, wo der Fernseher läuft, thematisiert werden. Am besten jedoch ist es, Kinder möglichst werbefrei Medien nutzen zu lassen.

Wieso Kinder auf jede Werbung hereinfallen müssen

- Vorschulkinder sind entwicklungspsychologisch noch nicht in der Lage, Werbung als solche zu erkennen. Sie nehmen Werbespots als lustige Unterhaltung wahr und glauben den Werbeversprechen.
- Viele Erwachsene werden das nachvollziehen können: Noch heute erinnern wir uns an Werbemelodien aus der eigenen Kindheit. Die Fachkraft regt zum kurzen Austausch an.

An diesen Stellen tappen Eltern oft in die Falle

- Eltern haben oftmals das Gefühl, ihrem Kind mit dem vermeintlich gesunden Produkt etwas Gutes zu tun – und natürlich freuen sich die Kinder darüber. Sie fallen auf das Werbeversprechen herein, dass diesen Lebensmitteln tatsächlich Zusätze an Milch, Mineralstoffen, Vitaminen und anderem beigefügt sind. Dabei sind diese verschwindend gering oder die Kinder benötigen sie gar nicht extra. Das Hervorheben verschleiert die Tatsache, dass diese Produkte viel Zucker, Fett und Salz enthalten.

Beispiele

- Cornflakes und Kindermüsli: Hier ist oft sehr viel Zucker beigefügt oder auch andere Inhaltsstoffe, die letztendlich auch Zucker sind. Cornflakes und Kindermüsli sind eine Süßigkeit für Kinder.
- Quark/Pudding/Joghurt speziell für Kinder: Sie sind klein und bunt gestaltet. Ihnen ist sehr viel Zucker beigefügt und deshalb sind sie auch eine Süßigkeit für Kinder. Oftmals wird damit geworben, dass sie Calcium enthalten, welches wichtig für die körperliche, gesunde Entwicklung der Kinder ist. Das gilt aber generell für alle Milchprodukte.
- Wurst für Kinder: Wurst in Tierform oder mit Gesichtern spricht Kinder an. Kleine Würstchen sind niedlicher und scheinen für Kinder geeigneter als normale Würstchen. Letztendlich unterscheiden sich die Kinderprodukte nur im Aussehen und im teureren Preis von den normalen Wurstprodukten.
- Süßigkeiten werden nicht gesünder, nur weil sie mit Vitaminen angereichert werden, denn Süßigkeiten bleiben Süßigkeiten. Vitamine kann ein Kind auch durch andere Lebensmittel zu sich nehmen.

(Verbraucherzentrale 2022, Kinderlebensmittel)

Zusammenfassung

Kinderlebensmittel sind für die Gesundheit der Kinder überflüssig. Sie sind teilweise sogar ungesünder als herkömmliche Produkte, denn sie enthalten häufig viel Zucker, Fett, Salz und verschiedenste Zusatzstoffe. Auch die auf der Verpackung angepriesenen Nährstoffzusätze, wie etwa „angereichert mit wertvollen Vitaminen", sind nicht gesund, weil sie zu einer Überdosis führen können, wenn die Kinder zu viel davon essen oder trinken. Kinderlebensmittel sind oftmals in kleinen, bunten Verpackungen und produzieren deshalb viel mehr Müll als notwendig. Zudem sind sie teurer als andere Lebensmittel (Beispiel: Fruchtpüree aus der Aluminiumtüte für Kinder ist in der Regel teurer als ein Glas Fruchtpüree, aus dem die Portionen für Kinder jeweils in ein Schälchen gefüllt werden.).

Quiz für den Elternabend

Material: FlipChart-Papier, Filzstift

So geht es:
Die Eltern bilden drei Gruppen und setzen sich zusammen. Die pädagogische Fachkraft stellt eine Frage und dazu drei mögliche Antworten. Innerhalb der Gruppe beraten sich die Eltern, welche Antwort richtig ist. Anschließend wird die Antwort gegeben. Haben alle Gruppen die Antwort verkündet, gibt die Fachkraft das Ergebnis bekannt. Die Gruppe, die die richtige Antwort gesagt hat, bekommt einen Punkt. Die Punkte werden auf einem Flipchart-Papier notiert. Die Gruppe, die am Ende die meisten Punkte hat, hat gewonnen.

Quizfragen
Sind Kinderlebensmittel teurer als vergleichbare Produkte, die nicht auf Kinder abzielen?
A. Ja, sie sind teurer.
B. Nein, sie sind sogar etwas günstiger.
C. Es gibt keinen Preisunterschied.
Richtige Antwort: A.

Wie viele Zuckerstücke enthält ein Glas Limonade in etwa (0,3 ml)?

A. vier Zuckerstücke

B. sechs Zuckerstücke

C. neun Zuckerstücke

Richtige Antwort: C.

Wie viele „Milchschnitten" müsste ein neunjähriges Schulkind essen, damit sein Calciumbedarf gedeckt ist?

A. 16 Milchschnitten

B. neun Milchschnitten

C. eine Milchschnitte

Richtige Antwort: A.

Aus wie viel Zucker besteht ein Fruchtjoghurt?

A. Ein Fruchtjoghurt besteht aus 60 Prozent Zucker.

B. Ein Fruchtjoghurt besteht aus 50 Prozent Zucker.

C. Ein Fruchtjoghurt besteht aus 25 Prozent Zucker.

Richtige Antwort: A.

Mit wie vielen Fernsehspots und Werbeanzeigen für ungesunde Lebensmittel wird ein fernsehendes Kind pro Tag durchschnittlich konfrontiert?

A. Es sieht 15 Fernsehspots und Werbeanzeigen für ungesunde Lebensmittel täglich.

B. Es sieht elf Fernsehspots und Werbeanzeigen für ungesunde Lebensmittel täglich.

C. Es sieht fünf Fernsehspots und Werbeanzeigen für ungesunde Lebensmittel täglich.

Richtige Antwort: A.

In welcher Weise sind Kinderlebensmittel rechtlich definiert?

A. Kinderlebensmittel sind nicht rechtlich definiert. Sie gelten als normales Lebensmittel wie alle anderen auch.

B. In einigen Bundesländern sind sie rechtlich definiert, in anderen nicht.

C. Sie unterliegen einer strengen Kontrolle, ob sie auch tatsächlich für eine gesunde Entwicklung der Kinder geeignet sind.

Richtige Antwort: C.

Was können Eltern tun?

- Weniger Fernsehen (und Internetkonsum) bedeutet weniger Werbung. Filme sollten möglichst ohne Werbung gezeigt werden, z. B. auf DVD.
- Auch, wenn Kinder es noch nicht immer einsehen wollen/können, so sollte man ihnen erklären, warum man ein bestimmtes Produkt trotz des hohen Aufforderungscharakters nicht kaufen möchte. Es gibt sicher Alternativen. Ein „Nein!" zu Kinderlebensmittel sollte nicht mehr verändert werden.
- Schauen Sie vor allem bei Kinderprodukten genau auf die Inhaltsstoffe: Sirup, Dicksaft, Magermilchpulver, Vollmilchpulver, Traubenzucker – all das sind versteckte Bezeichnungen für Zucker!
- Kombinieren Sie Fertiggerichte mit frischen Zutaten.
- Bieten Sie statt Kindermüsli und Cornflakes besser Haferflocken, Milch und Obststückchen an.
- Verzichten Sie darauf, den Kindern Fruchtjoghurt anzubieten und rühren Sie stattdessen selbst Naturjoghurt mit frischen Obststückchen an.
- Bieten Sie Obstsaftschorlen statt Limonade an.

Leseempfehlungen zur Vertiefung des Themas „Medien und Kinder"

Ratgeber für Eltern

- Der Elternratgeber „SCHAU HIN! Was Dein Kind mit Medien macht" gibt nützliche Tipps und Infos rund um den Bildschirm: http://www.schau-hin.info

Literatur für pädagogische Fachkräfte

- Roboom, S. (2022): Digitale Medien im Kitaalltag. Aus der Reihe „Die kleinen Hefte". Berlin: Verlag an der Ruhr.

4.2.2 Ein Abendessen bei „McKita"

An diesem Eltern-Kind-Nachmittag können Eltern und Kinder gemeinsam gesunde, belegte Brötchen machen und essen – in entspannter Atmosphäre. Vielleicht entstehen so ein paar neue Ideen für das Frühstück oder Abendbrot zu Hause oder für die Kita-Brotdose. Die verwendeten Lebensmittel sind keine Kinderlebensmittel – und dennoch können sie ansprechend, bunt, lecker und gesund sein.

Vorbereitung:
Der Eltern-Kind-Nachmittag sollte gemeinsam mit den Kindern vorbereitet werden.

- Eiswürfelbehälter mit Orangensaft füllen, einen Zahnstocher hineinlegen und ein Gummibärchen ergänzen. Dann: Ab in den Gefrierschrank!
- Eiswürfelbehälter mit Orangensaft füllen (für die Limo) und in den Gefrierschrank stellen.
- Einkaufen: Fleischwurst in großen Scheiben, Tofu in Scheiben, Gouda, Vollkornbrötchen, Gewürzgurken, Tomaten, Salatgurke, Eisbergsalat, Radieschen, Butter, lange und kurze Holzspieße, Gummibärchen, Orangensaft, Apfelsaft, Servietten, Luftballons, bunter Bastelkarton, Klebstoff.

Vorbereitung am Morgen mit den Kindern:
- Tomaten, Gurken, Radieschen und Salatblätter werden gewaschen und in Scheiben geschnitten, Gewürzgurken werden in Scheiben geschnitten. Getrennt werden diese jeweils in kleine Schälchen gefüllt.
- Wurst, Tofu und Käse werden auf Tellern drapiert und in den Kühlschrank gestellt.
- Blumen für die Vase gestalten als Tischdekoration: Aus buntem Karton werden zwei gleichgroße Kreise mit jeweils etwa fünf Zentimetern Durchmesser ausgeschnitten, ebenso werden fünf Blütenblätter ausgeschnitten. Ein Kreis wird auf den Tisch gelegt und mit Klebstoff versehen. Nun werden die Blütenblätter an den Kreisrand geklebt und unten (als Stiel) ein langer Holzspieß angebracht. Nun wird der andere Kreis mit Klebstoff versehen und auf den anderen geklebt. Die fertigen Blumen können in Gläser verteilt werden.

Vorbereitung am Ende des Kitatages:
- Tische und Stühle werden als Restaurant aufgebaut.
- Tischdekoration, Geschirr und Servietten werden auf die Tische gestellt.

Kurz bevor es losgeht:
- Die vorbereiteten Schälchen und Teller mit Gemüse, Butter, Käse, Tofu und Wurst werden auf jeden Tisch gestellt.
- Eine Kanne Wasser wird auf jeden Tisch gestellt.

Ablauf des Nachmittags:

- Eltern und Kinder suchen sich einen Platz.
- Die Fachkraft begrüßt die Gäste.
- Einige Kinder gehen mit dem Brötchen von Tisch zu Tisch. Andere Kinder gehen mit den Eiswürfeln aus Saft von Tisch zu Tisch, um diese für das Wasser zu verteilen.
- Wenn alle versorgt sind, darf sich ein Kind einen Tischspruch aussuchen.
- Gemeinsam wird der Tischspruch aufgesagt, und dann kann das Gestalten und Essen der Brötchen beginnen. Die Kinder und Eltern zaubern mit Gemüsesticks Gesichter auf die Brötchenhälften, sie können Muster legen und so individuelle Kita-Burger erstellen. Selbstverständlich werden die Burger-Kreationen auch gegessen. Vielleicht bekommen sie auch Namen, wie etwa „Käse-Radieschenaugen-Burger“ oder „Selmas Wurst-Saure-Gurke-Burger“.
- Die Fachkraft kann vor dem Verzehren der Burger Fotos machen. So können sich manche Kinder besser von ihren Kunstwerken trennen, bevor sie gegessen werden. Außerdem können die Fotos anschließend für ein Burger-Buch von „McKita“ genutzt werden. Jedes Kind kann dort seinen Lieblingsburger mit Foto und Namen vorstellen. So können sich Eltern und Kinder immer mal wieder Tipps aus dem Buch holen.
- Die Kinder, die mit dem Essen fertig sind, können bis zum Nachtisch auf dem Flur mit Luftballons spielen.
- Als Nachtisch gibt es Wassereis mit jeweils einem Gummibärchen drin.
- Anschließend ist noch gemütliches Zusammensitzen bzw. Spielen auf dem Flur möglich.

4.2.3 Eltern und Kinder in Bewegung

Das wissenschaftlich begleitete Bewegungsprogramm in Kitas „Prävention durch Aktivität im Kindergarten“ unter der Leitung von Prof. Dr. Hebestreit (Universitätsklinikum Würzburg) brachte u. a. den Erfolg hervor, dass Kinder, die vor Durchführung des Programms übergewichtig waren, anschließend abgenommen hatten. Das Programm bestand aus 30 Minuten freudvollen und kindgerechten Bewegungsspielen in der Kita pro Tag. Dazu gab es *Bewegungshausaufgaben*. Eltern und pädagogische Fachkräfte wurden entsprechend geschult, um den Nutzen von Bewegung für das Kind in der Kita und zu Hause vermitteln zu können (vgl. Bundesministerium für Bildung und Forschung 2023).

Das Bewegungsverhalten eines Kindes hängt oft vom Bewegungsverhalten seiner Eltern ab. Deshalb ist es sinnvoll, auch Eltern für Bewegung zu begeistern. Dass Bewegung gut für die Gesundheit ist, wissen Erwachsene. Bei gemeinsamen Bewegungsangeboten sollte also der Spaß im Vordergrund stehen!

Der Eltern-Kind-Fußball-Nachmittag

Fußball ist eine Sportart, für die sich auch viele Eltern interessieren. In der Kita wird selbstverständlich kein Fußball nach den gültigen Regeln gespielt. Bei diesem gemeinsamen Nachmittag soll es eher um die Freude an der Bewegung gehen, als um „echtes" Fußballspielen. Unter den Eltern finden sich mit Sicherheit auch Fußballfans oder welche, die als Kind oder Jugendlicher gerne Fußball gespielt haben. Andere haben wiederum mit Fußball noch wenig zu tun gehabt und möglicherweise Angst vor dem Ball oder eine Hemmung, sich mit dem Ball zu betätigen. Die Inhalte dieses Nachmittags sind deshalb so gewählt, dass alle Teilnehmenden mit Freude aktiv mitmachen können.
Vorab ist zu klären, ob ausreichend Bälle vorhanden sind. Für einige Stationen sind Fußbälle geeignet. Für das gemeinsame Spielen hingegen Schaumstoffbälle. Die Gefahr, dass ein Kind aus Versehen von einem Fußball getroffen wird, ist sonst zu groß. Manchmal ist es möglich, dass ein Sportverein in der Nähe der Kita Bälle für einen Nachmittag zur Verfügung stellt. Auch Leibchen oder farbige Parteibänder zum Markieren der Mannschaften können möglicherweise geliehen werden.

Die Einladung

Liebe Mütter und liebe Väter,

am __________findet zwischen ____und _____Uhr in der Kita ein Eltern-Kind-Fußballnachmittag statt. Sowohl Profis, passive Fußballfans als auch Anfänger:innen sind willkommen! Ein Fußball-Outfit ist nicht nötig, aber bequeme Kleidung von Vorteil. Für Erfrischungen ist gesorgt.
Wir treffen uns (auf dem Außengelände/auf dem Sportplatz an der Schule/in der Turnhalle).
Bitte geben Sie uns Bescheid, mit wie vielen Personen Sie teilnehmen werden.
Wir freuen uns auf Sie!

Mit sportlichen Grüßen, ______________

Ablauf des Nachmittags

1. Ankommen in einem großen Sitzkreis: Begrüßung und Vorstellung des geplanten Ablaufs
2. Gemeinsames Aufwärmen
3. Stationen „Balltraining"
4. Pause (kleine Wasserflaschen für jedes Kind mit Namensetikett, Erfrischungen, Ausruhen für die Eltern, Freispiel für die Kinder)
5. Fußballspiel
6. Sieger:innenehrung und Abschluss

Gemeinsames Aufwärmen im Kreis

Während der Begrüßung erstellen sich alle Erwachsenen ein Namenschild mit Kreppband und kleben es sich auf das Oberteil. So können sich im Laufe des Nachmittags alle mit Vornamen ansprechen.
Die pädagogische Fachkraft leitet ein kurzes Aufwärmprogramm an. Ziel sollte es sein, Bewegungshemmungen abzubauen und ein fröhliches Miteinander hervorzurufen.
Die Fachkraft spielt Musik mit einem klaren Rhythmus (am besten aus dem Radio bekannte Lieder). Sie zeigt Übungen und alle machen sie nach:

- Kniebeugen
- die Arme lang zur Seite und diese auf und ab bewegen
- Armkreisen vorwärts
- Armkreisen rückwärts
- auf der Stelle hüpfen auf zwei Beinen
- auf der Stelle hüpfen, auf seinem Lieblingsbein
- auf der Stelle hüpfen auf dem anderen Bein
- mit dem Popo wackeln
- mit den Füßen abwechselnd nach vorne kicken
- dazu mit den Händen abwechselnd nach vorne boxen
- auf den Boden setzen und mit den Füßen abwechselnd hörbar auf den Boden klopfen
- die Hände dazunehmen
- ...

Und dann frei im Raum: Stopptanz zu Fußballhits

Ideen für Stationen

Station: Torwandschießen
Material: Wand, gegen die mit dem Ball geschossen werden darf, farbiges Klebeband, Fußball
Vorbereitung: An der Wand wird mit einem Klebeband ein einen Meter mal 1,50 Meter großes Rechteck nahe am Boden befestigt. Darüber wird noch einmal ein solches Quadrat geklebt.
Bewegungsaufgabe: Der Ball wird vor der Wand positioniert. (Abstand je nach Ermessen der Spieler:in). Der/die Spieler:in sucht sich ein Rechteck aus, auf welches er/sie schießen wird. Der Ball wird möglichst so geschossen, dass er im Rechteck an der Wand gegen die Wand kommt. Klappt es nicht, so hat der/die Spieler:in mehrere Versuche.

Station: Eiskugeltransport
Material: fünf Pylonen („Hütchen"), Ball
Vorbereitung: –
Bewegungsaufgabe: Jede:r Spieler:in bekommt einen Pylon. Ein Kind legt den Ball auf seinen Pylon. Das ist die Eiskugel. Diese wird nun von Spieler:in zu Spieler:in weitergegeben, ohne dass sie auf den Boden fällt.

Station: Ball passen
Material: je nach Platz einen oder mehrere Fußbälle
Vorbereitung: –
Bewegungsaufgabe: Zwei Spieler:innen stehen sich in einem Abstand, den sie selbst bestimmen, gegenüber voneinander auf. Sie passen einen Ball hin und her.

Station Ballhüpfen
Material: Stuhl, farbiges Kreppband zum Markieren, Schaumstoffbälle (für Kinder), Fußbälle
Vorbereitung: Mit dem Kreppband wird eine Start- und Ziellinie auf dem Boden markiert. In etwa fünf Metern Entfernung wird ein Stuhl aufgestellt.
Bewegungsaufgabe: Der Ball wird zwischen die Unterschenkel geklemmt und der/die Spieler:in hüpft damit von der Startlinie um den Stuhl herum und zurück zur Ziellinie. Fällt der Ball zu Boden, so wird er wieder aufgehoben und zwischen die Beine geklemmt und das Spiel kann weitergehen. Wenn die Aufgabe für eine:n Teilnehmer:in koordinativ zu schwer oder zu anstrengend ist, darf der Ball auch in die Hand genommen und festgehalten werden.

Station Würfel kicken
Material: Schaumstoffwürfel
Vorbereitung: –
Bewegungsaufgabe: Ein:e Spieler:in kickt den Würfel. Je nach gewürfelter Augenzahl müssen alle Kinder und Erwachsenen, die an dieser Station stehen, die gewürfelte Anzahl an Kniebeugen machen. Jede:r darf sich dabei so tief beugen, wie er/sie möchte und kann. Gemeinsam werden die Kniebeugen laut gezählt.

Station: Kegeln
Material: sechs gefüllte Wasserflaschen, ein Fußball
Vorbereitung: Die Wasserflaschen werden nah beieinander aufgestellt.
Bewegungsaufgabe: In selbst gewählter Entfernung wird der Ball so geschossen, dass möglichst viele Wasserflaschen umkippen. Es gibt drei Versuche. Wie viele Flaschen stehen am Ende noch?

Station: Gegen die Wand schießen
Material: Fußbälle, freie Wand
Vorbereitung: –
Bewegungsaufgabe: Der Ball wird gegen die Wand gekickt. Sobald er dort abprallt und zurückrollt, wird er wieder an die Wand gekickt.

Station: Kopfball
Material: Luftballons
Vorbereitung: Die Luftballons werden aufgepustet und verknotet.
Bewegungsaufgabe: Ein Erwachsener wirft den Luftballon in die Luft und ein Kind „stuppst" ihn mit dem Kopf an und versucht, ihn so zu fangen. Dann wird der nächste Ballon geworfen.
Station: Ball in der Luft halten
Material: Luftballons
Vorbereitung: Die Luftballons werden aufgepustet und verknotet.
Bewegungsaufgabe: Wie lange kann ein Luftballon in der Luft gehalten werden? Mit allen Körperteilen wird er immer wieder in die Luft katapultiert, bevor er schließlich den Boden berührt.

Essen und Trinken

Den Eltern und Kindern sollten Erfrischungsgetränke angeboten werden. Für die Kinder ist es praktisch, wenn jedes Kind eine eigene Wasserflasche bekommt, die mit seinem Namen versehen wird und dann während des Nachmittags mitgenommen werden kann. Für die Eltern können beispielsweise gekühlte Saftschorlen oder Mineralwasser gereicht werden.
Als Snacks – für zwischendurch zur Selbstbedienung – können die Kinder schon am Vormittag Obst (z. B. Apfel, Erdbeeren, Weintrauben) und Gemüsesticks (Möhren, Gurken, Paprika) in verzehrfertigen Häppchen vorbereiten. Auch selbstgemachte Müsliriegel können vorbereitet und angeboten werden.

Materialien: Schneidebretter, Backbleche und Backpapier (je nach Menge), Kochtopf, Herd, Rührbesen, großes Messer, Aufbewahrungsdosen
Zutaten für 60 Müsliriegel: 600 Gramm Trockenfrüchte (z. B. Pflaumen, Aprikosen), 12 EL Butter, 600 g Honig, 6 TL Zitronensaft, 900 g Haferflocken, 12 EL Sonnenblumenkerne

Zubereitung:
1. Trockenfrüchte grob hacken
2. Butter und Honig aufkochen
3. Zitronensaft und danach alle weiteren Zutaten unterrühren
4. Backpapier auf die Backbleche legen
5. Teig auf die Backbleche geben und glattstreichen
6. Ofen vorheizen (150 Grad)
7. Backbleche in den Ofen schieben und ca. 15 Minuten backen
8. Masse in einzelne Riegel schneiden und abkühlen lassen

Das große Fußballspiel

Material: Leibchen oder Parteibänder in vier bis fünf verschiedenen Farben, Trillerpfeife, 20 Schaumstoffbälle, farbiges Klebeband für Fußbodenmarkierungen
Vorbereitung: Es wird ein großes Spielfeld markiert. In der Mitte wird eine Linie gezogen.

So geht's:
Es werden Mannschaften mit jeweils zehn Spieler:innen gewählt. Jede Mannschaft bekommt eine Farbe zugeordnet und zieht sich die entsprechenden Leib-

chen an. Zwei Mannschaften beginnen. Die anderen verteilen sich am Spielfeldrand und feuern alle Spieler:innen an. Außerdem haben sie die Aufgabe, Bälle, die aus dem Spielfeld rollen, wieder über die Spielfeldlinie zu schubsen.
Jede Mannschaft stellt sich auf ein Feld. Auf jedem Feld liegen zehn Bälle. Auf das Zeichen der Trillerpfeife hin haben beide Mannschaften die Aufgabe, die Bälle in das gegnerische Feld zu schießen. Nach fünf Minuten ist Abpfiff. In welchem Feld sind mehr Bälle? Die Mannschaft mit den wenigeren Bällen hat gewonnen. Nun spielen die nächsten zwei Mannschaften gegeneinander. Anschließend spielen beide Gewinner:innenmannschaften wieder, und am Ende steht eine Sieger:innenmannschaft fest.

Ein „richtiges" Fußballspiel

Material: zwei Tore (oder Gegenstände zum Markieren von Toren), Schaumstoffball, Leibchen in zwei Farben, Trillerpfeife
Vorbereitung: Das Fußballspiel wird mit Mittellinie und Toren an den Seiten aufgebaut.

So geht's:
Alle Kinder und Erwachsene, die mitspielen wollen, kommen zusammen. Sie teilen sich in zwei Gruppen auf. Die Mitspieler:innen jeder Gruppe bekommen ein Leibchen in derselben Farbe. Ein Torwart bzw. eine Torwärterin wird gewählt und stellt sich an das entsprechende Tor.
Die Fachkraft ist Schiedsrichterin und erklärt kurz die Regeln:

- Sie zeigt, welche Mannschaft den Ball in welches Tor schießen muss.
- Es darf nur mit dem Fuß gespielt und der Ball darf nicht in die Hand genommen werden.
- Wenn die Schiedsrichterin pfeift, ist das Spiel beendet. Ein Spiel dauert zehn Minuten.

Sieger:innenehrung

Einen Pokal selbst herstellen
Material pro Pokal: zwei Plastikbecher, goldene Klebefolie, Pappe, Schere, Klebstoff

So geht's:
Zwei Plastikbecher werden mit dem Boden zusammengeklebt. Dann wird die Form mit Klebefolie beklebt. Am Ende werden aus Pappe zwei Henkel ausgeschnitten, beklebt und angeklebt.

Am Ende des Nachmittags kommen alle Kinder und Eltern zur Sieger:innenehrung zusammen. Alle, die mitgemacht haben, sind Sieger:innen! Jedes Kind bekommt einen Pokal. Alle Kinder werden nacheinander aufgerufen, sie bekommen den Pokal überreicht und das Publikum applaudiert!

Eltern-Kind-Olympiade

Nach dem Stationen-Prinzip (siehe „Fußballnachmittag"), kann auch eine Olympiade durchgeführt werden. Auch hier soll die Bewegungsfreude im Vordergrund stehen und nicht die motorische Leistung. Eine Motivation für Kinder ist eine Laufkarte. Jedes Kind bekommt eine Karte, auf der alle Stationen verzeichnet sind. Haben sie eine Station bewältigt, bekommen sie einen Stempel. Wer von jeder Station einen Stempel gesammelt hat, kann seine Laufkarte abgeben und bekommt eine Medaille verliehen. Diese Vorgehensweise setzt voraus, dass es genügend Erwachsene gibt, die die Stationen betreuen und die Karte abstempeln. Eltern sollten dafür nicht eingesetzt werden, denn sie sollen ja aktiv mit ihren Kindern mitmachen!
Aufwärmen: Auf Schaljagd
Material: ca. 30–40 cm lange und zehn Zentimeter breite Stoffbahnen, oder Chiffontücher als Schal (pro Kind ein Schal), Musik
Mitspieler:innen: beliebig
Vorbereitung: –

So geht's:
Die Fachkraft erklärt, dass der Anfang der Winterolympiade in diesem Jahr etwas verrückt ist. Es ist kalt draußen und die Menschen haben sich ihren Schal nicht um den Hals gebunden, sondern hinten in den Hosenbund gesteckt. Sie verteilt an jede und jeden einen Schal und bittet sie, diesen hinten in den Hosenbund zu stecken, sodass er herausschaut wie ein Schwanz. Und es wird noch verrückter: Ein:e Dieb:in ist unterwegs. Sie läuft herum und klaut sich einfach einen Schal. Und der oder diejenige, die plötzlich keinen mehr hat, klaut sich wiederum einen bei einem anderen! So klaut sich jede:r bei jeder und jedem einen Schal. Ein Kind oder Erwachsener gibt seinen Schal ab und ist zuerst

der Dieb oder die Diebin. Beginnt die Musik, geht das Spiel los. Alle laufen vor dem Dieb oder der Diebin davon, bis er/sie einen Schal erwischt hat. Schon ist der/die Schallose der Dieb oder die Diebin und das Spiel geht weiter! Der Schal darf jedoch nicht entwendet werden, wenn der/die Spieler:in gerade dabei ist, ihn in die Hose zu stecken.

Stationen für die Winterolympiade (Turnhalle):

- Bobfahren (Eine Weichbodenmatte wird über Kästen an die Sprossenwand gelehnt und unten fixiert, sodass eine schiefe Ebene entsteht. Die Kinder setzen sich auf ein Tuch – den Bob – und rutschen nacheinander hinunter.)
- Skilanglauf (Auf zwei Brettern werden Gummibänder-Schlaufen befestigt, pro Brett drei Schlaufen. Jeweils drei Kinder laufen zusammen Langlauf. Je ein Fuß ist auf einem Brett fixiert. Die Kinder stehen hintereinander und es kann losgehen.)
- Skispringen (Verschieden hohe Kästen dienen als Berg, eine Weichbodenmatte wird davor drapiert. Nacheinander springen die Kinder soweit sie können auf die Matte.)
- Eiskunstlauf (Eine Fläche wird mithilfe von Bänken abgetrennt. An dieser Station gibt es Musik. Jedes Kind bekommt zwei Pappteller und stellt sich mit je einem Fuß auf einen Teller. Nun kann das Eiskunstlaufen beginnen.)
- Hundeschlittenrennen (Ein Kind sitzt auf einem Tuch und hat ein Seil in der Hand. Ein Erwachsener oder ein weiteres Kind zieht das Kind am Seil durch den Raum.

Abschlussspiel: Schneeballschlacht

Material: Papier, zwei Bänke, zwei Wäschekörbe, Musik

Vorbereitung: aus dem Papier werden Bälle geformt und auf zwei Wäschekörbe verteilt. Zwei Bänke werden als Mittellinie aufgebaut, die die beiden Spielfelder voneinander trennt.

So geht's:

Eltern und Kinder bilden zwei gleichgroße Gruppen. Jede Gruppe versammelt sich auf einem Spielfeld. Die pädagogische Fachkraft kippt je einen Wäschekorb in jedem Feld aus. Die Schneekugeln werden zunächst mit den Füßen im Feld auf dem Boden verteilt. Die Fachkraft macht die Musik an und das ist das Startsignal: Die Schneeballschlacht beginnt. Die Schneekugeln sollen ins andere Feld befördert werden. Nach circa zwei Minuten geht die Musik aus und kein Schneeball darf mehr geworfen werden. Wer hat den meisten Schnee auf seiner Seite?

Sieger:innenehrung: Jedes Kind und Eltern werden aufgerufen und bekommen eine goldene Olympiamedaille (zuvor vorbereitet aus Pappkreisen, die mit Goldfolie beklebt sind und Schleifenband, die oben durch die Medaillen gezogen werden).

Die Sommerolympiade

Gemeinsames Aufwärmen: Ticken mit Erlösen
Material: Musik
Vorbereitung: –

So geht's:
Ein Kind und ein Erwachsener werden ausgewählt. Sie sind die „Ticker:innen". Alle Mitspieler:innen bewegen sich zur Musik im Raum. Werden sie von den Ticker:innen getickt, stellen sie sich hin und rufen: „Ich muss befreit werden!" Sie können befreit werden und weiterlaufen, wenn jemand anderes kommt und sie dreimal gegenseitig in die Hände klatschen („abklatschen"). Dann kann es weitergehen. Nach einer gewissen Zeit wird das Spiel beendet. Alle, die mitgemacht haben, haben gewonnen!
Anmerkung:
Die Erwachsenen müssen selbstverständlich nicht schnell laufen, sondern nur so, wie sie sich wohlfühlen und wie es Ihnen möglich ist. Manchen Eltern ist es vielleicht peinlich, ins Schwitzen zu geraten, sie haben kein Sportzeug an usw. Alles ist okay. Selbst der „alte Trick aus dem Sportunterricht", sich ticken zu lassen, um stehen zu können, ist völlig in Ordnung. Spaß und Dabeisein soll an erster Stelle stehen. Dieses sollte den Eltern ggf. wiederholt gesagt werden.

Stationen für die Sommerolympiade (draußen)
- Laufen: Eine Rennstrecke wird abgesteckt. Die Kinder können dort rennen.
- Hürdenlauf: Eine Rennstrecke wird abgesteckt. Zusammengerollte Decken oder Kissen, werden als Hürden auf den Boden gelegt. Die Kinder versuchen, diese nicht zu berühren, sondern hinüber zu springen oder zu steigen.
- Hochsprung: Das Kind schaukelt und wenn es am höchsten Punkt vorne ist, springt es ab. Jüngere Kinder springen von einer leicht pendelnden Schaukel ab.
- Heruntersprung: Das Kind klettert auf eine Sprosse seiner Wahl auf dem Klettergerüst und springt ab.

- Werfen: Die Kinder werfen Sandsäcken auf eine „freie Bahn".
- Weitsprung: Die Kinder springen mit Anlauf möglichst weit in die Sandkiste.

Gemeinsamer Abschluss – Surfen
Material: Weichbodenmatte (die ausnahmsweise mit nach draußen genommen werden kann; alternativ findet der Abschluss im Bewegungsraum statt).
Vorbereitung: –

So geht's:
Die Erwachsenen und Kinder stellen sich rund um die Weichbodenmatte auf. Ein Kind darf mit dem Surfen beginnen. Es stellt sich in die Mitte der Matte. Nun heben die Erwachsenen und die Kinder die Matte an. Sie sprechen laut im gemeinsamen Rhythmus: „Ach – tung – Wel – le!" Bei der letzten Silbe lassen alle die Matte fallen. Das Kind auf der Matte versucht, stehen zu bleiben. Wenn ein Kind es im Stehen nicht probieren möchte, kann es sich auch auf die Matte knien.

Sieger:innenehrung:
Jedes Kind und die Eltern werden aufgerufen und bekommen eine goldene Olympiamedaille.

Selbstorganisierter Bewegungs- und Spieletreff

Es ist auch möglich, einen Spieletreff außerhalb der Kita-Betreuungszeiten ins Leben zu rufen, wie etwa jeden Samstagnachmittag. Hier ist allerdings das Engagement der Eltern gefragt. Sofern die Erlaubnis des Trägers/der Kitaleitung (je nach Zuständigkeit) vorliegt, könnten Eltern den Spieletreff auf dem Außengelände der Kita betreuen, d. h., mindestens eine Familie muss verantwortlich und präsent sein. Die Eltern müssten sich so organisieren, dass jemand Bewegungsmaterialien am Freitag aus der Kita holt und am Montag unbeschädigt zurückbringt. Vielleicht können die Materialien in einem Schuppen oder Raum in der Kita gelagert werden, zu dem die Eltern einen Schlüssel bekommen. Dann entfällt das logistische Problem des „Schleppens". Materialien, die zur Bewegung anregen und in großen Taschen mitgebracht werden, wären beispielsweise Softbälle, Chiffontücher, ein kleines Schwungtuch und Seile. Größere Geräte, die vor Ort gelagert werden könnten, wären zum Beispiel Dreiräder, Rollschuhe, Roller und Pezzibälle. Die Eltern wären für die Unversehrtheit der Geräte verantwortlich. Für viele Eltern ist es sicher ein guter Programmpunkt am Wochenende: Die Kinder sind draußen und bewegen sich mit anderen Kindern gemeinsam. Geschwisterkinder können prima mitgebracht werden. Die Eltern können sich einen Kaffee mitbringen, neue Kontakte knüpfen oder auch mal kurz mit Absprache des Kindes einen Wochenendeinkauf erledigen, wenn die Aufsichtspflicht ein anderes Elternteil übernimmt. Insbesondere der Elternteil, der das Kind seltener zur Kita bringt und abholt, hat hier die Gelegenheit, die anderen Eltern kennenzulernen.

5. Schlusswort

Kinder mit Übergewicht sollten in der Kita dabei unterstützt werden, sich möglichst ausgewogen zu ernähren und mit guten Gefühlen zu essen und zu trinken. Bei Kindern, die durch ihr Gewicht gesundheitlich gefährdet sind, muss ein Arzt bzw. eine Ärztin hinzugezogen werden. Der Weg läuft also über die Eltern, die mit dem Kind zur ärztlichen Untersuchung gehen müssen. Keinesfalls ist eine Diät in der Kita von Nutzen! Was eine Kita jedoch leisten kann und sollte, ist, Kinder mit Übergewicht dabei zu unterstützen, sich ausgewogen und mit positiven Gefühlen zu ernähren. Außerdem können Kinder in der Kita zu freudvollen Bewegungserfahrungen animiert werden. Positive Körpererfahrungen helfen dem Kind, seinen Körper zu mögen und sich wohl in der eigenen Haut zu fühlen.

Oft sind Kinder – ob nur leicht übergewichtig oder in gesundheitsgefährdendem Maß adipös – Stigmatisierungen und Diskriminierungen ausgesetzt. Hier gilt es, ihnen zu vermitteln, dass ihr Körper gut so ist, wie er ist! Kein Körper ist besser als ein anderer.

Literaturverzeichnis und Internetquellen

Literaturverzeichnis

Auf dem Kampe, J. (2023): Übergewicht: Ein neuer Blick auf die Kalorien. In: GEO WISSEN Gesundheit. Hamburg: Gruner + Jahr.

Blumentritt, Theresa (2020): Prävention von Übergewicht und Adipositas im Kindes- und Jugendalter. Ursachen, Risiken und Folgeerkrankungen. Studienarbeit. München: Grin.

Floto-Stammen, S. (2009): Ernährung. WAS IST WAS, Band 127. Nürnberg: Tessloff.

Hubrig, Silke (2016): Aktive Entspannungsideen für 3- bis 6-jährige. Spiele, Massagen, Konzentrationsübungen und Fantasiegeschichten zum Mitmachen. Berlin: Cornelsen.

Hubrig, Silke (2019): Alltagsmaterialien für Bewegungsspiele nutzen. Von Schuhkartonmauern und Gummibandakrobaten. Berlin: Cornelsen.

Hubrig, Silke (2021a) 1: Bewegungsspiele für Zwischendurch. Gesundheitsförderung in der Kita ganz praktisch. Mühlheim an der Ruhr: Verlag an der Ruhr.

Hubrig, Silke (2021b): Ernährungsbildung im Alltag. Gesundheitsförderung in der Kita ganz praktisch. Mühlheim an der Ruhr: Verlag an der Ruhr.

Momm, Helga (2016): Adipositas. Der Leidensweg der dicken Kinder. 2. Auflage. Duisburg: e&z.

Petermann, F./Warschburger, P. (2007): Übergewicht. Informationen für Betroffene, Eltern, Lehrer und Erzieher. Göttingen: Hogrefe.

Poitzmann, N./Schumann, I. (2021): Jeder Körper ist ein guter Körper. DGUV Lernen und Gesundheit. Schönheitsideale und Körperkult – Deutsche Gesetzliche Unfallversicherung (Hrsg.). Berlin.

Warschburger, P./Döring, I./Hudjetz, A. (2013): „Gemeinsam fit" Adipositas. Ein Trainingsprogramm für Eltern von übergewichtigen und adipösen Kindern und Jugendlichen. Stuttgart: Kohlhammer.

Zimmer, R. (1993): Handbuch der Bewegungserziehung. Didaktisch-methodische Grundlagen und Ideen für die Praxis. 7. Auflage. Freiburg im Breisgau: Herder.

Verzeichnis für Internetquellen

AOK Gesundheitsmagazin: Emotionales Essen (2022): http://www.aok.de/pk/magazin/koerper-psyche/psychologie/emotionales-essen-das-essen-aus-gefuehlen-heraus (Abfrage: 26.03.2023).

AOK, Pressemitteilung (2021): Kinder sehen pro Tag 15 Werbungen für ungesundes Essen. http://www.aok-bv.de/imperia/md/aokbv/presse/pressemitteilungen/archiv/dank_aok_pk_pm.pdf (Abfrage: 26.03.2023).

Ärzte-Zeitung/Springer Medizin Verlag GmbH (2015): Dicke Erzieher beeinflussen Gewicht der Kinder. https://www.aerztezeitung.de/Politik/Dicke-Erzieher-beeinflussen-Gewicht-der-Kinder-250914.html (Abfrage: 26.03.2023).

Bayer, J. (2014): Essen macht glücklich – aber anders, als man denkt. WDR. http://www.daserste.de/information/wissen-kultur/w-wie-wissen/sendung/2010/essen-macht-gluecklich-aber-anders-als-man-denkt-100.html. (Abfrage: 26.03.2023).

Bundeszentrale für gesundheitliche Aufklärung (BzgA): Ref. Q5 – Kinder und Heranwachsende, Schule und Kita, Laienreanimation, Köln: BMI-Rechner. Das Gewicht im Blick. http://www.

uebergewicht-vorbeugen.de/wenn-es-schwerer-wird/uebergewicht/bmi-rechner-das-gewicht-im-blick/ (Abfrage: 26.03.2023).

Bundesgesundheitsministerium für Gesundheit: Förderschwerpunkt Prävention von Übergewicht bei Kindern und Jugendlichen. http://www.bundesgesundheitsministerium.de/themen/praevention/kindergesundheit/praevention-von-kinder-uebergewicht.html (Abfrage: 26.03.2023).

Bundesministerium für Bildung und Forschung: Bewegung tut auch den Kleinsten gut – Prävention von Übergewicht sollte schon im Kindergarten beginnen. http://www.gesundheitsforschung-bmbf.de/de/bewegung-tut-auch-den-kleinsten-gut.php (Abfrage: 26.03.2023).

Bundesministerium für Gesundheit: Förderschwerpunkt Prävention von Übergewicht bei Kindern und Jugendlichen. http://www.bundesgesundheitsministerium.de/themen/praevention/kindergesundheit/praevention-von-kinder-uebergewicht.html (Abfrage: 26.03.2023).

Das AdiMon Indikatorensystem, Robert Koch-Institut (Hrsg:) (2018): Kindliche Adipositas: Einflussfaktoren im Blick. http://www.rki.de/DE/Content/Gesundheitsmonitoring/Studien/Adipositas_Monitoring/AdiMon_Infobroschuere.pdf?__blob=publicationFile (Abfrage: 26.03.2023).

Deutsches Kinderhilfswerk Die Ernährungssituation von Kindern in Deutschland. http://www.dkhw.de/schwerpunkte/kinderarmut-in-deutschland/gesunde-ernaehrung/ernaehrungssituation-von-kindern-in-deutschland/ (Abfrage: 26.03.2023).

Foodwatch (2021): Marktstudie: Fast alle Kinderlebensmittel sind ungesund. http://www.foodwatch.org/de/aktuelle-nachrichten/2021/marktstudie-fast-alle-kinderlebensmittel-sind-ungesund/?cookieLevel=not-set (Abfrage: 26.03.2023).

Gesundheitsförderung Schweiz (Hrsg.) (2016): Themenblatt Positives Körperbild Grundbegriffe, Einflussfaktoren und Auswirkungen, abrufbar unter: http://gesundheitsfoerderung.ch/sites/default/files/migration/documents/Themenblatt_Positives_Koerperbild.pdf. (Abfrage: 26.03.2023).

Groeneveld, M./Müller, C. (2022): Das Beste aus dem Essen. Sich selbst gut versorgen. http://www.bzfe.de/das-beste-aus-dem-essen/ (Abfrage: 26.03.2023).

Herche, M./Götz, M. (2023): Der Körper der global vermarkteten Zeichentrickmädchen. Internationales Zentralinstitut für das Jugend- und Bildungsfernsehen. Abrufbar unter: http://izi.br.de/deutsch/forschung/gender/MJTV3_Koerper.pdf (Abfrage: 26.03.2023).

Hollstein, T. (2019): Sport als Prävention: Fakten und Zahlen für das individuelle Maß an Bewegung. Dtsch Arztebl 2019; 116 (35–36): A-1544/B-1273/C-1253, abrufbar unter: http://www.aerzteblatt.de/archiv/209444/Sport-als-Praevention-Fakten-und-Zahlen-fuer-das-individuelle-Mass-an-Bewegung (Abfrage: 26.03.2023).

Inselklinik Heringsdorf: Ratgeber Adipositas bei Kindern. Informationen für Betroffene und Angehörige. http://www.kinder-adipositas.com/entstehung/ (Abfrage: 26.03.2023).

kanyo Gesundheitsnetzwerk (2022): Übergewicht bei Kindern: Ursachen, Folgen und Hilfe. http://www.fitundleicht.de/uebergewicht/kinder/ (Abfrage: 26.03.2023).

Ludwig, K. (2019): Vorurteilen, Stereotypen und Diskriminierungen im Kita-Alltag durch biografische Reflexion begegnen. http://www.kindergartenpaedagogik.de/fachartikel/bildung-erziehung-betreuung/vorurteilen-stereotypen-und-diskriminierungen-im-kita-alltag-durch-biografische-reflexion-begegnen/ (Abfrage: 26.03.2023).

Techniker Krankenkasse (2023): BMI-Rechner. Bin ich wirklich zu dick? www.tk.de/service/app/2002866/bmirechner/bmirechner.app?kcm=ab (Abfrage: 23.05.2023).

Till, U. (2022): Mehr übergewichtige Kinder in Deutschland. SWR media service. http://www.swr.de/wissen/corona-pandemie-mehr-uebergewichtige-kinder-100.html (Abfrage: 26.03.2023).

Verlag PRO Kita (2018): Übergewicht bei Kindern: Diese Unterstützung brauchen Eltern. Bonn. http://www.pro-kita.com/eltern/uebergewicht-bei-kindern/ (Abfrage: 26.03.2023).

Verbraucherzentrale Berlin: Süßigkeiten und Snacks für Kinder. https://www.verbraucherzentrale.de/wissen/lebensmittel/gesund-ernaehren/suessigkeiten-und-snacks-fuer-kinder-6003 (Abfrage: 26.03.2023).

von Aufschnaiter, M. (2020): Dick und diskriminiert, Bayrischer Rundfunk. http://www.br.de/extra/respekt/uebergewicht-dick-diskriminierung-100.html (Abfrage: 26.03.2023).

Verbraucherzentrale Berlin (2022): Kinderlebensmittel: Extrawurst für den Nachwuchs? http://www.verbraucherzentrale.de/wissen/lebensmittel/gesund-ernaehren/kinderlebensmittel-extrawurst-fuer-den-nachwuchs-10725 (Abfrage: 26. 03. 2023).

Wolf, B.: Armut macht dick. http://www.stadtlandkind.info/armut-macht-dick/ (Abfrage: 26. 03. 2023).

Silke Hubrig
Intergenerative Pädagogik in Kindertagesstätten
2024, 126 Seiten, broschiert
ISBN: 978-3-7799-7682-0
Auch als E-BOOK erhältlich

Bis vor wenigen Jahrzehnten war die Begegnung zwischen Kindern und alten Menschen innerhalb der Familie ganz selbstverständlich. Heutzutage leben viele Kinder an ganz anderen Orten als die Großeltern. Die Intergenerative Pädagogik zielt darauf ab, Beziehungen zwischen Kindern und alten Menschen herzustellen. Hierbei profitieren sowohl die Kinder als auch die alten Menschen in hohem Maße von diesen Begegnungen, gemeinsamen Aktivitäten und emotionalen Beziehungen. Beispielsweise lassen sich alte Menschen von der kindlichen Lebensfreude anstecken, und wo Kinder sind, da findet eine Aktivierung statt. Die Kinder wiederum können neue Lieder und Geschichten aus alten Zeiten kennenlernen und sie haben möglicherweise einen Menschen, der ihnen geduldig immer wieder dasselbe Bilderbuch vorliest.

www.beltz.de
Beltz Juventa · Werderstraße 10 · 69469 Weinheim

Silke Hubrig
Geschlechtersensibles Arbeiten in der Kita
2019, 108 Seiten, broschiert
ISBN: 978-3-7799-6049-2
Auch als E-BOOK erhältlich

Eine der Hauptentwicklungsaufgaben von Kindergartenkindern ist der Aufbau einer stimmigen Geschlechteridentität. Deshalb ist es insbesondere in diesem Altersabschnitt bedeutsam, dass Jungen und Mädchen eine adäquate Entwicklungsbegleitung durch die pädagogische Fachkraft haben. In diesem Buch werden Elemente der pädagogischen Praxis unter dem Aspekt der Gendersensibilität näher beleuchtet. Zu den theoretischen Ausführungen werden Anregungen zur Selbstreflexion, Impulse für die Auseinandersetzung im Team und auch konkrete Praxisideen gegeben, die zur Umsetzung geschlechtersensibler Pädagogik beitragen.

Lotte Rose | Friedrich Schorb (Hrsg.)
Fat Studies in Deutschland
Hohes Körpergewicht zwischen
Diskriminierung und Anerkennung
2017, 248 Seiten, broschiert
ISBN: 978-3-7799-3464-6
Auch als E-BOOK erhältlich

Inspiriert durch die Entwicklung der Fat Studies in englischsprachigen Ländern versammelt der vorliegende Band Beiträge aus Deutschland, die sich aus unterschiedlichen disziplinären, professionellen und praktischen Perspektiven kritisch mit der Stigmatisierung von dicken Körpern und dicken Menschen auseinandersetzen. Der Band bietet einen umfangreichen Datenfundus zu den Lebenswelten von Menschen mit hohem Körpergewicht. Thematisiert werden rechtliche Fragen des Diskriminierungsschutzes, die Darstellung von Dickleibigkeit in den medialen Öffentlichkeiten und der Umgang mit hochgewichtigen Menschen in den helfenden Berufen des Gesundheits- und Sozialwesens. Zudem werden Strategien einer anti-diskriminierenden Körperpolitik und -praxis in Kunst, Kultur, sozialer Bewegung und Wissenschaft vorgestellt.

www.beltz.de
Beltz Juventa · Werderstraße 10 · 69469 Weinheim